Jürgen Köberlein-Kerler

Energiewende für alle

Bibliografische Information der Deutschen Bibliothek
Die Deutsche Bibliothek verzeichnet diese Publikation in der Deutschen Nationalbibliografie; detaillierte bibliografische Daten sind im Internet über http://dnb.dnb.de abrufbar.

© 2023 Jürgen Köberlein-Kerler

Umschlaggestaltung: Marina Rudolph
Bild Rückseite: Foto Schwab
Lektorat, Korrektorat: Renate Jung
Buchsatz und Layout: Verena Blumenfeld
Publishing: Sanvema

Verlag & Druck:
tredition GmbH, An der Strusbek 10, 22926 Ahrensburg, Germany

ISBN (Paperback): 978-3-384-08170-4
ISBN (Hardcover): 978-3-384-08171-1

Anmerkung:
Auf das »Gendern« wurde zugunsten der besseren Lesbarkeit verzichtet.

Jürgen Köberlein-Kerler

ENERGIE WENDE

FÜR ALLE

Wie Hausbesitzer, Handwerker und
Kommunen die Energiewende meistern

Inhaltsverzeichnis

Über den Autor

Jürgen Köberlein-Kerler, ausgebildeter Elektroniker und diplomierter Elektrotechnik-Absolvent, erweiterte seine Expertise durch ein Studium im integralen Planen und Bauen (Master of Engineering). Als anerkannter Energieberater (HWK) der Handwerkskammer und mit einer Promotion (Ph.D.) in interdisziplinärer Wissensvermittlung technischer Disziplinen hat sich Köberlein-Kerler in seiner Branche einen Namen gemacht.

In seinem beruflichen Werdegang leitet Herr Köberlein-Kerler das renommierte Ingenieurbüro IBK Ingenieurbüro Köberlein GmbH & Co. KG. Das Büro, spezialisiert auf Gebäudetechnik, innovative Energiesysteme, Energiekonzepte, Smart-Home-Technologien und Wärmenetzplanungen, agiert sowohl auf kommunaler als auch auf internationaler Ebene. Zudem engagiert sich das Büro stark in der Förderung junger Talente, indem es regelmäßig Praktikumsplätze für Studierende aus dem In- und Ausland bereitstellt.

Köberlein-Kerlers Beitrag zur Fachwelt geht weit über seine berufliche Tätigkeit hinaus. Er ist regelmäßig Autor in Fachzeitschriften und Wissenschaftsmagazinen, wirkt als Gastprofessor und ist Träger eines Ehrendoktorats. Sein Engagement in der internationalen Bildungslandschaft spiegelt sich auch in seiner Mitgliedschaft im Executive Committee von IGIP (Internationale Gesellschaft für Ingenieurpädagogik) wider.

Neben seiner aktiven Teilnahme an internationalen Konferenzen bereichert Köberlein-Kerler mit seinen Workshops und Vorlesungen regelmäßig Universitäten und Hochschulen im In- und Ausland. Sein Netzwerk umfasst Mitgliedschaften in Organisationen wie OWWF – Ost-West-Wirtschaftsforum Bayern e.V., CAE – Center for Applied Energy Research e.V., IGIP und der German–Ukrainian Academic Society. Seine Forschungsschwerpunkte liegen in der professionellen Analyse und Entwicklung von Systemlösungen mittels interdisziplinärer Ansätze in den Bereichen erneuerbarer Energien und Smart Home-Systemen. Ebenso widmet er sich der Entwicklung und Optimierung von Lehrkompetenzen in technischen Disziplinen und dem informellen Lernen in der Praxis.

1. Einleitung

»Die reinste Form des Wahnsinns ist es, alles beim Alten zu lassen und zu hoffen, dass sich etwas ändert.«

Albert Einstein

Die Energiewende ist eine Mammutaufgabe und stellt zweifellos eine große Herausforderung für uns Bürger in Deutschland in der ersten Hälfte des 21. Jahrhunderts dar, doch ich bin zuversichtlich, dass wir sie meistern können – allerdings womöglich nicht mit den derzeit verfolgten Strategien.

Deutschland ist eine Exportnation und somit stark von der wettbewerbsfähigen Produktion von Exportgütern abhängig. In diesem Umfeld zeichnet sich eine beträchtliche Unsicherheit sowohl im Mittelstand als auch in der Industrie ab, insbesondere in Bezug auf die Energieversorgung. Schlüsselsektoren wie Stahl, Aluminium und Chemie (beispielsweise BASF), die auf kontinuierliche Energiezufuhr auch während der Nachtphasen sowie an Wochenenden (d.h., während Schicht- und Wochenendarbeit) angewiesen sind, stehen vor der drängenden Frage, wie sich eine verlässliche Energieversorgung sicherstellen lässt.

Darüber hinaus prägt auch Unsicherheit den Markt. Der Verbraucher bekommt dies deutlich zu spüren. Eine klare und einheitliche Kommunikation seitens des Gesetzgebers bezüglich der Entwicklung der Energiepreise in den kommenden vier bis fünf Jahren bleibt bisher aus und wird deutlich vermisst. Selbstverständlich sind die Energiepreise von zahlreichen externen Faktoren beeinflusst, dennoch könnte eine differenzierte Herangehensweise im Umgang mit Preisregulierungen in Betracht gezogen werden. Anstatt beispielsweise Gas- und Strompreisbremsen zu implementieren, könnte der Gesetzgeber den Strompreis auf staatlicher Ebene deckeln, wobei die finanziellen Ausgleiche über interne steuerliche Regelungen mit den Energieversorgern abgewickelt werden könnten.

Die zentrale Frage hierbei ist: Warum werden diese finanziellen Belastungen an die Endkunden weitergereicht? Eine alternative Vorgehensweise könnte darin bestehen, dass Endkunden einen einheitlichen Preis erhalten, unabhängig davon, zu welchem Anbieter sie wechseln, während Ausgleichszahlungen direkt zwischen den Versorgern und dem Staat geregelt werden. Ein ähnliches System von Ausgleichszahlungen wird immerhin schon zwischen Bund und Ländern praktiziert.

Die gegenwärtige Situation der Energieversorgung und Energiesicherung belastet Endkunden mit einem erheblichen Maß an Verwaltungsaufwand und Bürokratie. Das führt zu einer verstärkten Verunsicherung, da Verbraucher sich ständig fragen müssen, ob und wann ein Wechsel des Anbieters ratsam ist, welche Vertragslaufzeiten existieren und ob ein Anbieterwechsel sie automatisch in einen Grundtarif versetzt.

Des Weiteren erscheinen gesetzliche Vorgaben oftmals auch als überfordernd für die Energieversorger. Hier könnte eine Straffung und Vereinfachung der gesetzlichen Regelungen – auch durch verstärkte Digitalisierung – Abhilfe schaffen und die Prozesse effizienter gestalten. So bleibt in der gegenwärtigen Situation vieles beim Bürger hängen, was den finanziellen Spielraum, besonders bei finanziell vulnerablen Gruppen wie Rentnern oder Alleinerziehenden, erheblich einschränkt. Obwohl die Allgemeinheit nur begrenzten Einfluss auf politische und wirtschaftliche Entscheidungen hat, scheint die Energiewende vorrangig auf ihren Schultern ausgetragen zu werden. Dieses Gefühl, ständig unter Druck zu stehen, verursacht bei vielen Menschen Unbehagen – und das, obwohl die Notwendigkeit der Energiewende weitestgehend anerkannt wird.

Aber auch in Handel und Großhandwerk herrscht tiefste Verunsicherung. Noch vor etwa anderthalb Jahren schien die Wärmepumpe auf einem vielversprechenden Weg, zumal die Strompreise damals noch günstig waren. Doch die Inkonsistenz in den Diskussionen rund um das Gebäudeenergiegesetz und die Energiepreispolitik haben diese Zuversicht ins Wanken gebracht. Was genau ist seither passiert? Zahlreiche

Menschen haben sich von der Idee der Wärmepumpe distanziert, hauptsächlich wegen des exponentiellen Anstiegs der Strompreise, und anstatt sich diesem Risiko auszuliefern, kehren Verbraucher und Unternehmer vermehrt wieder zu fossilen Energieträgern wie Gas- und Ölheizungen zurück.

Händler berichten mir von einer bemerkenswerten Verschiebung: Während im letzten Jahr die Nachfrage nach Wärmepumpen nicht bedient werden konnte, sind es nun in diesem Jahr nämlich Gas- und Ölheizungen, die in nur unzureichenden Mengen verfügbar sind.

Festzuhalten ist: Obgleich Gas- und Strompreisbremsen existieren, scheinen diese Maßnahmen, besonders im Vergleich zu anderen europäischen Ländern, keineswegs auszureichen, da die Energiepreise weiterhin als extrem hoch empfunden werden.

Hinzu kommt die Dezentralisierung der Energieversorger, die dazu führt, dass jeder Endverbraucher seinen Energieanbieter frei wählen kann. Diese Liberalisierung des Marktes, obwohl sie für Konsumenten vorteilhaft scheinen mag, bringt jedoch auch Unsicherheiten und möglicherweise Inkonsistenzen im Energieangebot und in der Preisgestaltung mit sich, die insbesondere in Zeiten von Preiskrisen zu erheblichen Schwierigkeiten führen können.

Energieberatung und Fördermittel:
eine Herausforderung für Einfamilienhausbesitzer

Die Inanspruchnahme von Fördermitteln, etwa für die Installation einer Wärmepumpe oder die Durchführung einer Gebäudedämmung, erfordert in der Regel die Expertise von Energieberatern – eine Tatsache, die insbesondere Einfamilienhausbesitzer vor Herausforderungen stellt. Aktuell konzentrieren sich Energieberater vermehrt auf den Mittelstand, da hier die Fördergelder lukrativer sind als im Bereich der Einfamilienhäuser. Dies stellt ein erhebliches Problem dar, wenn Einfamilienhausbesitzer auf Fördermittel angewiesen sind, jedoch keine Beratung erhalten können, weil Energieberater unter Umständen für Monate oder Jahre ausgebucht sind oder nur gegen extrem hohe Honorare zur Verfügung stehen.

Hier stellt sich die Frage: Warum wird nicht das Handwerk stärker unterstützt? Warum wird einem Heizungsbauermeister, der einen Betrieb leitet und über jahrzehntelange Berufserfahrung verfügt, weniger zugetraut als einem Energieberater, der seine Qualifikation möglicherweise in einem »Schnellkurs« erworben hat?

Ein weiteres Problem ist die oft zitierte Nicht-Inanspruchnahme von Fördermitteln. Wenn berichtet wird, dass Fördermittel nicht abgerufen wurden, verbirgt sich dahinter oft die Realität, dass viele Bürgerinnen und

Bürger sie teilweise gar nicht in Anspruch nehmen können, weil der Prozess zu langwierig und/oder zu kompliziert ist, oder weil keine Energieberater zur Verfügung stehen.

Die Praxis, Förderprogramme einfach nach einer bestimmten Zeit auslaufen zu lassen – auch wenn noch Mittel vorhanden sind – trägt zur Problematik bei. Warum werden solche Programme nicht verlängert, wenn noch Gelder vorhanden sind? Stattdessen wird oft ein neues Förderprogramm ins Leben gerufen, das wiederum andere Rahmenbedingungen mit sich bringt. Diese schnelle Abfolge von Programmen trägt nichts zur Kontinuität bei, sondern führt eher zu Verunsicherung bei den Verbraucherinnen und Verbrauchern.

Alternativen im Zugang zu Energieberatung und Gebäudesanierung

Der Einsatz von Energieberatern, die eine zweckgebundene Mittelverwendung und die Einhaltung des Vier-Augen-Prinzips sicherstellen, ist alles in allem eine nachvollziehbare Strategie. Dennoch gilt es, bei einem Mangel an diesen Spezialisten nach alternativen Lösungswegen zu suchen, um dennoch die gesetzten Ziele zu erreichen.

Aus planerischer Perspektive gilt grundsätzlich: Der »optimale« Weg für den Gebäudebestand beginnt stets mit der Optimierung der Gebäudehülle, soweit dies umsetzbar ist. Historisch wertvolle und denkmalgeschützte Gebäude sind davon ausgenommen.

Anschließend sollte die Anlagentechnik angepasst werden, die sich am nunmehr reduzierten Energiebedarf des Gebäudes orientiert. Eine Hürde hierbei sind die vergleichsweise hohen Investitionskosten sowie das mit der Sanierung von Bestandsgebäuden einhergehende Risiko, das von Unsicherheiten bis hin zu einer möglichen Nachfinanzierung reicht.

Die Frage nach dem »Wie« im Kontext von Gebäudesanierungen, insbesondere unter Berücksichtigung von Variablen wie Gebäudealter und -zustand, öffnet eine Diskussion: Sollte zuerst in die Optimierung der Außenhülle investiert werden, oder steht zunächst die Erneuerung der Anlagentechnik im Vordergrund?

Mein Ziel mit diesem Buch ist es, Hausbesitzer, Eigentümer, Mieter und auch Kommunen dazu zu befähigen, inmitten der unübersichtlichen und sich stetig wandelnden Zusammenhänge des Immobiliensektors fundierte Entscheidungen zu treffen. Hierzu möchte ich eine grundlegende Aufklärung über die Komplexität des Themas bereitstellen.

Im Besonderen möchte ich Erklärungen und Handlungsanweisungen bieten für verschiedene Szenarien: Was sollte man unternehmen, wenn man eine selbstgenutzte Immobilie besitzt? Wie kann das Handwerk gestärkt werden und wie kann es die Energiewende als Chance wahrnehmen? Welche Möglichkeiten haben kommunale Politik und Verwaltung, durch erneuerbare Energien ihre Kommunen fit für die Zukunft zu machen?

Durch Bereitstellung von klar strukturierten Informationen und Leitfäden sollen alle Beteiligten in die Lage versetzt werden, ihre Entscheidungen auf einer soliden Wissensbasis zu treffen.

2. Die wichtigsten Technologien und Begriffe der Energiewende für alle

Die Energiewende gestaltet sich als eine komplexe, jedoch zwingend notwendige Umstrukturierung unserer Energieversorgung und hat das Potenzial, den Weg in eine nachhaltige Zukunft entscheidend zu prägen. Inmitten dieser Veränderung finden sich Begriffe und Konzepte, die für Laien ebenso wie für Fachleute von großer Bedeutung sind, um die Mechanismen und Zielsetzungen dieser Umwälzung zu verstehen. Dieses Kapitel widmet sich der Entschlüsselung der wichtigsten Begriffe der Energiewende und bietet eine klare, verständliche Basis für alle, die sich in die Thematik vertiefen möchten. Von den grundlegenden Prinzipien erneuerbarer Energiequellen über verschiedene Heiz- und Energiespeichertechnologien bis hin zu politischen und gesellschaftlichen Strategien – hier erhalten Sie einen umfassenden Überblick, der es Ihnen ermöglicht, aktiv und informiert an den Diskussionen und Entscheidungsprozessen der Energiewende teilzunehmen.

Photovoltaik und Autarkie

Die Unabhängigkeit vom Stromnetz wird im Energiesektor als Autarkie bezeichnet. Elektrische Energie aus Photovoltaik oder Wind, welche selbst erzeugt und verbraucht wird, erhöht die Autarkie.

Autarkiegrad versus Autarkiequote

Anhand des Autarkiegrades wird dargestellt, wie viel Prozent des jährlichen Strombedarfs die PV-Anlage abdeckt und wieviel Strom noch aus dem öffentlichen Netz benötigt wird.

Die Autarkiequote beschreibt den prozentualen Unabhängigkeitsgrad. Mit einer reinen PV-Anlage ohne Speicher kann eine Autarkie von 30–35 Prozent erreicht werden, bei geringem Stromverbrauch auch eine Autarkie von 40–45 Prozent. Eine Optimierung der Autarkie ist durch einen angepassten Verbrauch möglich. Wer beispielsweise tagsüber statt abends die Haushaltsgeräte wie Spülmaschine, Waschmaschine und Wäschetrockner einschaltet, erhöht die Autarkie sofort. Durch die Erweiterung mit einem Energiespeicher kann der Autarkiegrad auf 60–80 Prozent oder mehr gesteigert werden.

Eigenverbrauchsquote

Die Eigenverbrauchsquote gibt an, wieviel Prozent des selbst produzierten PV-Stroms im eigenen Haushalt verbraucht wird. Der Eigenverbrauch lässt sich durch Direktverbrauch oder Speicherung des selbsterzeugten Stromes steigern. Nicht benötigte Energie wird in das öffentliche Versorgungsnetz eingespeist und gemäß den gesetzlichen Vorgaben vergütet.

Unterschied – Autrakiegrad und Eigenverbrauchsquote

Autarkiegrad und Eigenverbrauchsquote werden oft als Synonym verwendet, was jedoch nicht korrekt ist. Insbesondere um die Wirtschaftlichkeit einer PV-Anlage beurteilen zu können, ist es wichtig den Unterschied zu kennen.

Autarkiegrad [%] = (selbst genutzter PV-Strom / gesamten Strombedarf) × 100

Eigenverbrauchsquote [%] = (selbst genutzter PV-Strom / selbst erzeugter PV-Strom) x 100

Anhand der Definition des Autarkiegrades und der Eigenverbrauchsquote sieht man sehr gut, dass mit einer kleinen PV-Anlage bereits sehr hohe Eigenverbrauchsquoten erreicht werden können. Gleichwohl der Autarkie-grad, also die Unabhängigkeit vom öffentlichen Strom-netz dennoch gering bleibt.

Einen günstigen Einstieg in die Solartechnik bieten zum Beispiel Balkonkraftwerke.

Balkonkraftwerk

Balkonkraftwerke, auch bekannt als Balkonsolaranlagen, stellen eine unkomplizierte und effiziente Möglichkeit dar, den Energieverbrauch in Wohnungen und Wohn-gebäuden durch selbst erzeugten Solarstrom zu redu-zieren und einen kleinen Beitrag zur Energiewende zu leisten. Diese kleinen Photovoltaikanlagen können ein-fach am Balkon, auf der Terrasse oder an der Fassade angebracht werden und erfordern keine aufwendige In-stallation. Sie sind insbesondere für Mieter und Eigen-tümer von Ein- und Mehrfamilienwohneinheiten eine attraktive Option, um aktiv zur Energiewende beizutra-gen und gleichzeitig die eigene Stromrechnung zu redu-zieren.

Batteriespeicher versus Akkumulatoren (kurz Akku)

Akkus oder Batterien – besteht da ein Unterschied? Batterien, wie wir sie in Taschenlampen verwenden, können nach ihrer Entladung nicht wieder aufgeladen werden. Akkus, beispielsweise in Handys, sind wiederaufladbare Batterien. Damit ist jeder Akku gleichzeitig eine Batterie, aber nicht umgekehrt. »Batterie« ist der Oberbegriff für Energiespeicher. Der Einfachheit halber werde ich im Folgenden teilweise für wiederaufladbare Speicher, also Akkumulatoren, auch von Batteriespeichern sprechen.

Akkumulatoren werden z. B. benötigt, um die Stromproduktionsschwankungen aus Energiequellen wie Solar- oder Windenergie auszugleichen. Sie speichern überschüssige Energie, wenn viel Energie produziert wird, und geben diese bei Bedarf wieder ab. Die Technologie auf diesem Gebiet hat enorme Fortschritte gemacht und hat für unterschiedliche Anwendungen verschiedene Typen von Batteriespeichern entwickelt.

Beispiele für Akkumulatoren auf Lithium-Basis sind:

- Lithium-Polymer-Akkumulatoren (LiPo),

- Lithium-Eisenphosphat-Akkumulatoren (LFP),

- Lithiumtitanat-Akkumulatoren (LTO),

- Lithium-Cobaltdioxid-Akkumulatoren ($LiCoO_2$),

Lithium-Ionen-Batterien vs. Lithium-Eisenphosphat-Batterie:

Sie werden am häufigsten verwendet, vor allem in mobilen Anwendungen und für den Heimgebrauch, wobei sich im Wohngebäudebereich ein Trend zu den Lithium-Eisen-Batterien abzeichnet. Ist nun eine Lithium-Ionen-Batterie dasselbe wie eine Lithium-Eisenphosphat-Batterie (LFP)? Nein. Die beiden haben zwar einiges gemeinsam, doch sind LFP-Batterien für ihre längere Lebensdauer, erhöhte thermische Stabilität und größere Sicherheit bekannt. LFP-Batterien kommen außerdem ohne Nickel und Kobalt aus.

LFP vs. Lithium-Ionen:

In vielerlei Hinsicht sind LFP-Akkus besser als vergleichbare Lithium-Ionen-Akkus. Lithium-Eisenphosphat-Batterien sind wegen ihrer oben beschriebenen Eigenschaften sicherer für den Heimgebrauch und halten bis zu fünf Mal länger als Lithium-Ionen-Batterien.

Lithium-Ionen vs. Blei-Säure-Batterien:

Blei-Säure-Batterien sind im Grunde das, was wir aus unseren Autos kennen. Sie sind kostengünstiger, haben aber eine geringere Energiedichte und eine kürzere Lebensdauer als Lithium-Ionen-Batterien.

Redox-Flow-Batterien (RFB):

Sie enthalten zwei Flüssigkeiten unterschiedlicher Konzentration, sogenannte Elektrolytlösungen, die in getrennten Tanks gespeichert sind und durch eine Membran zirkulieren. Sie werden vor allem für großskalige stationäre Energiespeicherlösungen verwendet.

Natrium-Schwefel-Batterien (NaS):

NaS-Batterien zählen aufgrund ihrer hohen Betriebstemperatur zu der Gruppe der Hochtemperaturbatterien, sie eignen sich vor allem für Anwendungen mit geringer Einsatzdauer, wo es auf eine hohe Zuverlässigkeit und lange Lagerfähigkeit ankommt.

Natrium-Ionen-Batterien (SIB = sodium-ion battery):

auch unter dem Begriff Salzwasserbatterien bekannt, verwenden als Basis Natrium und organische wässrige Elektrolyten und sind wesentlich günstiger, da Natrium weltweit verfügbar ist. Diese Batterien haben zwar eine geringere Energiedichte, sind aber deutlich sicherer in der Handhabung. Sie eignen sich als Energiespeicher für das Eigenheim.

Nickel-Cadmium-Batterien (NiCd):

Sie sind robust und halten großen Temperaturschwankungen stand, allerdings besteht ihr Nachteil darin, dass Cadmium toxisch und das Recyclingverfahren äußerst kompliziert ist.

Die Anforderungen an einen Energiespeicher hängen selbstredend immer vom Einsatzzweck ab. Kraftwerke, Energieversorger und Industrie beispielsweise stellen völlig andere Ansprüche: Lastspitzen müssen abgefangen, eine kontinuierliche Energieversorgung sichergestellt werden. Dagegen sind speziell für den Heimgebrauch entwickelte Batteriespeicher kleiner dimensioniert und in der Regel mit Solaranlagen gekoppelt, um selbst produzierte Solarenergie zu speichern und dann zu nutzen, wenn die Sonne nicht scheint. So steigt die Eigenverbrauchsquote, die Stromkosten verringern sich. Obendrein können sie als Notstromversorgung dienen. Hier sollten vor allem die Kapazität, die Lebensdauer, der Wirkungsgrad und die Sicherheit des Systems im Vordergrund stehen.

Energetische Sanierung

Energetische Sanierung bezeichnet den Prozess der Modernisierung von Gebäuden mit dem Ziel, ihren Energieverbrauch zu minimieren und die Energieeffizienz zu maximieren. Dies kann durch eine Vielzahl von Maßnahmen erreicht werden, darunter die Dämmung von Wänden, Dächern und Fußböden, der Einbau hochwertiger Fenster, die Erneuerung der Heizungs- und Lüftungssysteme oder die Integration erneuerbarer Energiequellen.

Energieausweis

Der Energieausweis, auch Energiepass genannt, ist ein Dokument, das die Energieeffizienz eines Gebäudes darstellt. Er ist vergleichbar mit dem Energielabel für Haushaltsgeräte und ist in der Europäischen Union für Neu- und Bestandsgebäude bei Verkauf, Vermietung oder Verpachtung gesetzlich vorgeschrieben. Der Ausweis gibt Auskunft über den Energiebedarf oder Energieverbrauch des Gebäudes, die Effizienzklasse, die Art der Heizung und Isolation sowie mögliche Energieeinsparmöglichkeiten. Es gibt zwei Arten von Energieausweisen: den Bedarfsausweis, der auf einer detaillierten Analyse des Gebäudes basiert, und den Verbrauchsausweis, der sich auf die tatsächlichen Energieverbrauchsdaten der letzten drei Jahre stützt. Zu beachten wäre, dass der Bedarfsausweis im Unterschied zum Verbrauchsausweis wesentlich aussagekräftiger ist, denn dieser weist nur die tatsächlich verbrauchte Energiemenge eines Gebäudes durch Heizung und Warmwasser aus, wohingegen der Bedarfsausweis klimatische Rahmenbedingungen, Lage des Gebäudes, die äußere Gebäudehülle, Fensterflächen, Türen, Anlagentechnik und Baujahr mit berücksichtigt. Beide Werte werden auf dem Energieausweis in Kilowattstunden pro Jahr und Quadratmeter Nutzungsfläche (kurz kWh/(m²a) angegeben.

Energieberatung

Energieberatung ist ein Service, der darauf abzielt, Privatpersonen, Unternehmen und öffentlichen Einrichtungen dabei zu helfen, ihren Energieverbrauch zu verstehen und Möglichkeiten zur Effizienzsteigerung und Kostenreduktion zu identifizieren. Ein Energieberater analysiert den aktuellen Energieverbrauch eines Gebäudes oder Betriebs, untersucht die vorhandene Infrastruktur und gibt konkrete Empfehlungen für energieeffiziente Maßnahmen. Dies kann die Modernisierung von Heizungsanlagen, die Optimierung von Lüftungssystemen, den Einsatz erneuerbarer Energien oder Maßnahmen zur Verbesserung der Gebäudedämmung umfassen. Die Beratung liefert nicht nur Informationen über technische Verbesserungen, sondern oft auch über finanzielle Anreize, Förderprogramme und rechtliche Rahmenbedingungen.

Wer Energieberatung durchführen darf, ist in vielen Ländern gesetzlich geregelt. In Deutschland beispielsweise müssen Energieberater bestimmte Qualifikationen und Zertifizierungen vorweisen, um staatlich geförderte Energieberatungen durchzuführen. Zusätzlich zu den formalen Anforderungen sollten Energieberater über aktuelles Wissen in Bezug auf Technologien, Bauvorschriften, Förderprogramme und Energiepreise verfügen, um eine umfassende und fundierte Beratung sicherzustellen.

Gebäudedämmung

Gebäudedämmung ist ein wesentlicher Aspekt im modernen Bauwesen und spielt eine zentrale Rolle sowohl in der energetischen Optimierung von Gebäuden als auch im Komfort der Bewohner. Eine solche Dämmung minimiert Wärmeübertragungen und somit Wärmeverluste zwischen dem Inneren eines Gebäudes und seiner Umgebung, was zu einem verringerten Energieverbrauch für Heizung im Winter und Kühlung im Sommer führt. Das wiederum kann erhebliche Kosteneinsparungen bei den Energiekosten bedeuten und gleichzeitig den CO_2-Fußabdruck des Gebäudes verringern. Eine effektive Dämmung nutzt Materialien mit niedriger Wärmeleitfähigkeit, um den Wärmefluss zu reduzieren. Neben der thermischen Leistungsfähigkeit sollten bei der Auswahl von Dämmmaterialien auch andere Faktoren wie Brandschutz, Feuchtigkeitsbeständigkeit, Umweltverträglichkeit und Diffusionsoffenheit (insbesondere bei Innendämmung ein wichtiger Faktor, denn wo mit dem falschen Material oder Schichtaufbau isoliert wird, kann es zu erheblichen Feuchteschäden kommen) berücksichtigt werden.

Heizungen: Flächenheizung, Fußbodenheizung, Deckenheizung

Strahlungsheizung – Flächenheizung

Eine Strahlungsheizung oder auch Flächenheizung, auch als Flächentemperierung bekannt, ist ein Heizsystem, das eine sanfte, gleichmäßige Wärmeverteilung über eine größere Fläche – sei es Boden, Wand oder Decke – gewährleistet. Der charakteristische Vorteil dieser Heizmethode: Sie erzeugt eine milde Strahlungswärme, ähnlich der Strahlung der Sonne oder eines Kachelofens, und sorgt so für ein besonders angenehmes Raumklima. Außerdem fühlt sich Strahlungswärme schon bei deutlich niedrigeren Raumlufttemperaturen sehr behaglich an, wodurch sie Energie einspart. Je höher der Strahlungsanteil einer Wärmeübertragungsfläche ist, desto niedriger kann die Raumlufttemperatur sein. Eine um ca. 3 Grad niedrigere Raumlufttemperatur wird bei einer Strahlungsheizung ähnlich behaglich empfunden wie bei einer um 3 Grad höheren Raumbeheizung durch konventionelle Heizkörper.

Merke: In dem uns üblichen Raumtemperaturbereich spart ein Grad weniger Raumlufttemperatur ca. 6 Prozent an Heizenergie ein, womit sich bei gleichem Empfinden bei einer Flächenheizung ca. 18 Prozent Wärmeenergie einsparen lassen.

Da die Wärme über eine große Fläche abgegeben wird, können niedrigere Vorlauftemperaturen als bei konventionellen Heizsystemen genutzt werden, was besonders energieeffizient ist und gut mit Wärmepumpen oder solarer Wärmeversorgung harmoniert, welche die freie Umweltwärme sehr wirtschaftlich verwenden können. Flächenheizungen sind nicht nur in puncto Energieeffizienz überzeugend, sondern auch hinsichtlich ihrer Fähigkeit, Ästhetik und Funktion miteinander zu verbinden, indem sie unauffällig und platzsparend in die Gebäudestruktur integriert werden.

Fußbodenheizung

Die Fußbodenheizung, eine spezifische Form der Flächenheizung, hat sich als beliebtes Heizsystem etabliert, das für ein angenehmes und gesundes Raumklima sorgt. Durch die Verlegung von Heizelementen direkt unter dem Bodenbelag oder unter dem Estrichsystem wird die Wärme gleichmäßig an den Raum abgegeben. Es entsteht eine gerichtete Wärmestrahlung im Raum von unten nach oben. Dies minimiert die Luftzirkulation und damit die Aufwirbelung von Staub, was besonders Allergiker zu schätzen wissen. Zudem ermöglicht die Fußbodenheizung eine freie Raumgestaltung ohne optisch störende Heizkörper und ist besonders energieeffizient, da sie mit niedrigen Vorlauftemperaturen betrieben werden kann. In Kombination mit modernen Heiztechnologien wie Wärmepumpen oder Solarthermie entfaltet sie ihr volles Potenzial hinsichtlich Energieeffizienz und Umweltfreundlichkeit.

Wandheizung

Wandheizungen zählen zu den Strahlungsheizsystemen und sind besonders im Bereich des Bestandswohnungsbaus beliebt, da sie oberflächennah und mit einer minimalen Wandaufbauhöhe nachträglich einfach zu installieren sind. Aufwändige und teure Fußbodenbeläge im Wohnhausbereich oder in denkmalgeschützten und historisch wertvollen Objekten können erhalten bleiben. Gedanken um die Höhe des Fußbodenaufbaus sowie der Türhöhen und Anschlüsse an den Bestandstreppen entfallen.

Deckenheizung

Deckenheizungen zählen ebenfalls zu den Strahlungsheizsystemen und bieten eine effektive Möglichkeit, Räume von oben zu beheizen. Über Heizelemente, die in der Deckenkonstruktion verborgen sind, strahlt die Wärme gleichmäßig in den Raum und sorgt für ein behagliches Klima. Besonders interessant ist die Deckenheizung in Bezug auf die effiziente Verteilung der Strahlungswärme, da sie ohne Umweg über den Boden direkt auf die im Raum befindlichen Personen und Gegenstände wirkt. Sie bietet ebenso wie ihre »Geschwister« (Fußboden- und Wandheizung) eine hohe Energieeffizienz, insbesondere wenn sie mit nachhaltigen Energiequellen kombiniert wird. Deckenheizungen sind zudem eine ausgezeichnete Lösung für Räume mit großen Fensterflächen oder in Gebäuden, in denen bauliche Beschränkungen den Einbau einer Boden- oder Wandheizung erschweren.

Insbesondere in Sporthallen und in der Industrie spielt die Deckenstrahlungsheizung in Form eines Heizbandes eine wichtige Rolle, welche die Energie in Form einer geradlinigen Wärmestrahlung von oben nach unten abgibt. Die variable Anordnung von Lage und Abhängehöhe dieser Strahlungsplatten lassen insbesondere im produzierenden Gewerbe, in Industrie und in Lager- und Logistikunternehmen hervorragende Individuallösungen bezüglich Energieeffizienz und Arbeitsstättenrichtlinie zu.

Lüftungssysteme

In energieeffizient gedämmten Gebäuden- ob in Neubauten oder in sanierten Altbauten – spielt die Lüftung eine entscheidende Rolle, um ein gesundes Raumklima und die Energieeffizienz zu gewährleisten. Die verbesserte Dämmung minimiert den natürlichen Luftaustausch, was zwar den Energieverlust verringert, aber gleichzeitig die Gefahr von Schimmelbildung und die Ansammlung von Schadstoffen und Feuchtigkeit erhöht. Moderne Lüftungssysteme, insbesondere kontrollierte Wohnraumlüftungen mit Wärmerückgewinnung, sind hier eine effektive Lösung. Sie führen verbrauchte Luft nach außen, während frische, gefilterte Luft von außen zugeführt wird. Dabei nutzen sie die Wärme der abgeführten Luft, um die einströmende frische Luft vorzuwärmen, was zu erheblichen Energieeinsparungen führt. Neben der Wärmerückgewinnung sorgen solche Systeme für eine kontinuierliche Luftzirkulation, reduzieren Feuchtigkeitsprobleme und verbessern die Luftqualität, indem sie Pollen, Staub und andere Allergene filtern. Insgesamt sind moderne Lüftungssysteme unverzichtbar für die Aufrechterhaltung eines gesunden, komfortablen und energieeffizienten Raumklimas in gut gedämmten Gebäuden.

Passivhaus

Ein Passivhaus ist ein Gebäudestandard, der sich durch ein besonders hohes Maß an Energieeffizienz und Komfort auszeichnet. Das Konzept basiert auf dem Prinzip, den Energiebedarf für Heizung und Kühlung auf ein Minimum zu reduzieren, indem der Gebäudehülle besondere Aufmerksamkeit geschenkt wird. Dazu gehören eine hochwirksame thermische Isolation, dreifach verglaste Fenster, eine luftdichte Bauweise und die Vermeidung von Wärmebrücken. Zusätzlich ist eine kontrollierte Wohnraumlüftung mit Wärmerückgewinnung ein zentraler Bestandteil des Passivhausstandards. Diese stellt sicher, dass trotz der luftdichten Bauweise stets frische Luft im Gebäude zirkuliert, und verhindert gleichzeitig Wärmeverluste. Das Ergebnis ist ein Gebäude, das nahezu ohne klassische Heizsysteme auskommt und dennoch ein angenehmes Raumklima gewährleistet. Passivhäuser verbrauchen bis zu 90 Prozent weniger Heizenergie im Vergleich zu durchschnittlichen konventionellen Bestandsbauten und ca. drei bis vier Mal weniger als derzeitige Neubauten. Passivhäuser haben per Definition eine Heizenergie von bis zu 15kWh pro Quadratmeter und Jahr, dies entspricht ca. 1,5 Litern Heizöl.

Photovoltaischer Solarkollektor

Photovoltaik bezeichnet die Umwandlung von Sonnenlicht, also Strahlungsenergie der Sonne, in elektrische Energie mithilfe von Solarzellen. Diese Zellen bestehen aus Halbleitermaterialien, in der Regel aus Silizium, die bei Lichteinstrahlung Elektronen freisetzen und so einen elektrischen Strom erzeugen. In den letzten Jahrzehnten hat die Photovoltaik-Technologie erhebliche Fortschritte gemacht, was zu einer drastischen Senkung der Kosten und zu einem exponentiellen Wachstum der global installierten Kapazität geführt hat. Photovoltaikanlagen können in verschiedenen Größenordnungen eingesetzt werden – von kleinen, tragbaren Einheiten und Solardächern auf Privathäusern bis hin zu großflächigen Solarparks. Mit dem wachsenden Interesse an erneuerbaren Energien und der Notwendigkeit, den Klimawandel zu bekämpfen, stellt die Photovoltaik eine der Schlüsseltechnologien dar, um eine nachhaltige und umweltfreundliche Energiezukunft zu gestalten.

Smart Grids

Smart Grids, zu Deutsch »intelligente Stromnetze«, repräsentieren die nächste Generation von Stromnetztechnologien und sind darauf ausgerichtet, die Erzeugung, Verteilung und den Verbrauch von Elektrizität effizienter, zuverlässiger und nachhaltiger zu gestalten. Durch den Einsatz von moderner Kommunikations- und Informationstechnologie ermöglichen Smart Grids eine bidirektionale Kommunikation zwischen Energieerzeugern, Verbrauchern und Netzbetreibern: Energieflüsse können in Echtzeit überwacht, analysiert und optimiert werden. Insbesondere bei der Integration von erneuerbaren Energiequellen, die oft fluktuierend und nicht immer vorhersehbar sind, bieten Smart Grids die Möglichkeit, Angebot und Nachfrage besser auszugleichen. Dies führt zu einer stabileren Energieversorgung und verringert die Notwendigkeit von teuren Speichern oder Backup-Kraftwerken. Zudem können

Verbraucher durch Smart Grids in das Energiemanagement eingebunden werden, beispielsweise durch variable Strompreise, die den Verbrauch in Zeiten geringerer Nachfrage fördern.

Smart Home

Smart Home bezeichnet das Konzept, bei dem Wohn- oder Geschäftsräume durch die Integration und Vernetzung von Technologie intelligenter und autonomer werden. Ziel ist es, den Komfort, die Energieeffizienz sowie die Sicherheit zu steigern. Mithilfe von Sensoren, Aktoren und einer zentralen Steuereinheit können diverse Geräte und Systeme – von Beleuchtung über Heizung bis hin zu Sicherheitssystemen – miteinander kommunizieren und koordiniert werden. Benutzer können ihre häuslichen Abläufe automatisieren oder sie über mobile Geräte wie Smartphones und Tablets auch aus der Ferne steuern. Durch maschinelles Lernen und künstliche Intelligenz können moderne Smart Home-Systeme zudem die Fähigkeiten, Vorlieben und Gewohnheiten ihrer Nutzer lernen und sich entsprechend anpassen. Somit bietet das Smart Home nicht nur einen erhöhten Wohnkomfort, sondern trägt auch zur Ressourcenschonung und Sicherheit bei.

Smartmeter

Smartmeter, auch intelligente Stromzähler genannt, repräsentieren die nächste Generation von Energiezählern, die über herkömmliche Messfunktionen hinausgehen. Sie können den Energieverbrauch in Echtzeit überwachen und diese Daten sowohl an den Verbraucher als auch an den Energieversorger übermitteln. Dies ermöglicht nicht nur eine detaillierte Einsicht in Energieverbrauch und -kosten, sondern bietet auch die Möglichkeit zur dynamischen Tarifgestaltung, bei der Preise je nach Tageszeit und Nachfrage variieren können. Weiterhin können Smartmeter durch ihre Vernetzung und Kommunikationsfähigkeit das Energiemanagement im Rahmen eines Smart-Home-Systems unterstützen. Durch den Einsatz von Smartmetern können ineffiziente Verbrauchsmuster erkannt und angepasst werden, was zur Energieeinsparung und zur Optimierung der Energieversorgung beiträgt.

Stromnetzausbau

Der Stromnetzausbau in Deutschland ist eine zentrale Säule der Energiewende, die darauf abzielt, bis zum Jahr 2045 Klimaneutralität zu erreichen. Um die Integration erneuerbarer Energiequellen wie Wind- und Solarenergie zu fördern, muss das Übertragungs- und Verteilnetz signifikant ausgebaut und modernisiert werden.

Insbesondere der Transport von Windenergie aus den windreichen Nord- und Ostseeregionen in die Verbrauchszentren im Süden und Westen des Landes stellt eine große Herausforderung dar. Dazu gehören Großprojekte wie die sogenannten »Stromautobahnen«, Hochspannungs-Gleichstrom-Übertragungen (HGÜ), die den energieeffizienten Ferntransport von Elektrizität über lange Distanzen ermöglichen.

Der Netzausbau ist jedoch nicht nur eine technische, sondern auch eine gesellschaftliche Aufgabe. Er erfordert die Abstimmung mit Umweltschutzauflagen, die Berücksichtigung von Landschafts- und Naturschutzinteressen sowie die Akzeptanz in der Bevölkerung, was zu Verzögerungen führen kann. Darüber hinaus ist eine intelligente Netzsteuerung notwendig, um die schwankende Einspeisung von Wind- und Solarenergie auszugleichen und die Netzstabilität zu gewährleisten.

Die Bundesregierung hat den Stromnetzausbau als prioritäres Vorhaben identifiziert und im Bundesbedarfsplangesetz sowie in den Netzentwicklungsplänen konkrete Maßnahmen und Zeithorizonte festgelegt. Diese beinhalten sowohl den Neubau von Leitungen als auch die Verstärkung und Optimierung bestehender Netze. Insgesamt ist der Stromnetzausbau ein entscheidender Faktor, um die Energiewende erfolgreich zu gestalten und Deutschland auf dem Weg zur Klimaneutralität voranzubringen.

Thermischer Solarkollektor

Thermische Solarkollektoren spielten bisher eine zentrale Rolle im Bereich der solaren Wärmeerzeugung, indem sie die Energie der Sonne aufnehmen und in Wärme umwandeln, anstatt sie direkt in Elektrizität umzuwandeln, wie es Photovoltaiksysteme tun. Es gibt verschiedene Typen von thermischen Kollektoren, am häufigsten anzutreffen sind die Flachkollektoren und Vakuumröhrenkollektoren, die alle unterschiedliche Anwendungen und Wirkungsgrade aufweisen. Im Allgemeinen bestehen diese Systeme aus einem dunklen Absorber, der das Sonnenlicht aufnimmt und in Wärme umwandelt, einem transparenten Cover, das den Absorber bedeckt, um Wärmeverluste zu minimieren, und einer isolierten Rück- und / oder Unterseite. Die aufgefangene Wärme kann dann genutzt werden, um Wasser oder ein anderes Medium zu erwärmen, welches dann für Warmwasserbereitstellung, Heizung oder in industriellen Prozessen verwendet werden kann. Insbesondere in Wohngebäuden mit Flächenheizsystemen bietet die Nutzung von thermischen Kollektoren eine effiziente Möglichkeit, den Energieverbrauch für Heiz- und Warmwasserzwecke zu reduzieren.

Die Nachteile: der vergleichsweise hohe Installationsaufwand für Verrohrung und Hydraulik, das Gewicht, das verwendete Wärmeübertragungsfluid sowie der damit verbundene, generell höhere Wartungsaufwand. Demgegenüber stehen photovoltaische Solarmodule, die nicht zuletzt wegen des rapiden Preisverfalls an Bedeutung gewonnen haben. Sie erzeugen im Gegensatz zu thermischen Kollektoren elektrischen Strom anstatt Wärme, sind zudem leichter, langlebiger und nahezu wartungsfrei. Elektrische Energie bietet den signifikanten Vorteil, dass sie in alle anderen Formen von Energie, die wir heutzutage benötigen (wie Licht, Wärme, Kälte und kinetische Energie), umgewandelt werden kann. Das macht sie zu einer wesentlich flexibleren und vielseitiger einsetzbaren Energiequelle.

Wärmepumpen

Wärmepumpen spielen eine entscheidende Rolle im Übergang zu nachhaltigeren Heizlösungen und tragen aufgrund ihrer niedrigen Vorlauftemperaturen und die Möglichkeit, diese über Smart Home mit einer im Bestand befindlichen oder neu zu installierenden Photovoltaikanlage zu koppeln, dazu bei, den Energieverbrauch in Gebäuden zu reduzieren. Es gibt mehrere Arten von Wärmepumpen, die sich hauptsächlich in den Quellen unterscheiden, aus denen sie Wärme extrahieren, und den Methoden, mit denen sie diese Wärme nutzbar machen. Allen gemeinsam ist der Betrieb über eine Flächenheizung oder spezielle Niedertemperaturheizkörper (Wärmepumpenheizkörper), die bereits bei niedrigen Vorlauftemperaturen, ähnlich einer Flächenheizung, ihre maximale Leistung entfalten, um eine hohe Effizienz zu erreichen.

Luft-Wasser-Wärmepumpe

Luft-Wasser-Wärmepumpen extrahieren Wärme aus der Außenluft und übertragen diese auf ein Wassermedium, das dann zum Heizen des Gebäudes verwendet wird. Diese Wärmepumpen sind relativ einfach zu installieren und eignen sich besonders für Renovierungsprojekte, da sie keiner aufwendigen Erdarbeiten bedürfen. Ihre Effizienz kann jedoch in sehr kalten Klimazonen, in denen die Außentemperatur stark absinkt, nachlassen.

Luft-Luft-Wärmepumpe

Eine Luft-Luft-Wärmepumpe nimmt Wärme aus der Außenluft auf und gibt sie direkt an die Innenraumluft ab. Diese Systeme sind effektiv für das Beheizen von Räumen und können auch für Kühlzwecke während der wärmeren Monate genutzt werden. Sie sind oft eine kostengünstige Option und besonders in milderen Klimazonen beliebt.

Sole-Wasser-Wärmepumpe

Sole-Wasser-Wärmepumpen, auch als Erdwärme- oder Geothermie-Wärmepumpen bekannt, nutzen die Wärme aus dem Erdreich, um Gebäude zu heizen. Diese Wärmepumpen erfordern Erdbohrungen oder die Verlegung von Kollektorrohren im Boden, bieten jedoch eine sehr hohe Effizienz und sind weitgehend unabhängig von den Außentemperaturen. Sie stellen eine besonders nachhaltige Heizlösung dar.

Wasser-Wasser-Wärmepumpe

Wasser-Wasser-Wärmepumpen nutzen Grundwasser als Wärmequelle und sind aufgrund der konstanten Wassertemperaturen das ganze Jahr über sehr effizient. Allerdings ist ihre Installation in manchen Regionen aufgrund von Wasserschutzgebieten oder mangelnder Wasserqualität oder Wassermenge nicht immer umsetzbar.

Monoblock-Wärmepumpe

Die Monoblock-Wärmepumpe stellt eine kompakte und in vielen Fällen einfach zu installierende Lösung in der Wärmeversorgung dar. In einem einzigen Gehäuse kombiniert sie alle notwendigen Komponenten, sodass die Installation im Allgemeinen weniger komplex ist als bei anderen Wärmepumpenmodellen. Sie kann im Außenbereich eines Gebäudes platziert werden, und alle relevanten Bauteile – sowohl die für die Aufnahme der Umgebungswärme als auch die zur Wärmeübertragung in das Heizsystem – befinden sich in diesem einen Modul. Monoblock-Wärmepumpen können dabei als Luft-Wasser-Wärmepumpen atmosphärische Wärme aufnehmen und sind dank ihrer unkomplizierten Bauweise besonders für den nachträglichen Einbau in Bestandsgebäuden beliebt.

Split-Wärmepumpe

Im Gegensatz dazu setzt sich eine Split-Wärmepumpe aus zwei separaten Einheiten zusammen: einer Außeneinheit, die die Energie aus der Umgebung aufnimmt, und einer Inneneinheit, die die aufgenommene Energie an das Heizsystem weiterleitet. Zwischen diesen beiden Einheiten zirkuliert ein Kältemittel, das die absorbierte Wärme transportiert. Die Installation von Split-Wärmepumpen kann wegen der Notwendigkeit, Kältemittelleitungen zwischen den Einheiten zu verlegen, komplexer und in der Regel auch teurer sein, da wegen der verwendeten Kältemittel ab einer bestimmten Anlagengröße nicht nur eine Fachfirma für Heizung, die den Wärmeerzeuger in das Wärmenetz des Hauses einbindet, sondern auch Spezialfirmen für Klima- und Kältetechnik, hinzugezogen werden müssen. Nichtsdestotrotz können sie effizient in verschiedenen Anwendungen und unter unterschiedlichen klimatischen Bedingungen eingesetzt werden und bieten oft eine höhere Heizleistung und können wirkungsvoller mit extremen Außentemperaturen umgehen.

Bei beiden Arten von Wärmepumpen, ob Monoblock oder Split, wird häufig aus Gründen der Energieeffizienz, zur Einhaltung gesetzlicher Vorschriften, Verfügbarkeit oder Sicherheit gerne das Kältemittel R32 (GWP-Index 675) verwendet. Legt man aus Umweltschutzgründen Wert auf einen niedrigen Treibhauspotenzial-Index (GWP = Global Warming Potential), so ist für kleinere und mittlere Anlagengrößen oder in kalten Klimazonen das modernere Kältemittel R290 (GWP-Index 3), auch unter dem Namen Propan bekannt, die bessere Wahl.

Warmwasserspeicher

Warmwasserspeicher sind ein wesentlicher Bestandteil vieler Haushaltsheizsysteme und dienen dazu, Warmwasser zu speichern, das für den Gebrauch in der Küche, im Badezimmer und für andere Haushaltszwecke benötigt wird. Ein Warmwasserspeicher funktioniert im Grunde wie eine große Thermoskanne. Er hält das Wasser über längere Zeiträume warm und verfügbar. Die Speicher sind typischerweise isolierte Tanks, die das Wasser auf einer konstanten Temperatur halten, um Wärmeverluste zu minimieren. Sie sind mit Heizsystemen verbunden, wie beispielsweise Kesseln, Solarthermieanlagen, Wärmepumpen oder Elektroheizungen, die das Wasser im Tank erhitzen.

Konventionelle Speicher (mit Boiler)

Dies sind die am häufigsten verwendeten Warmwasserspeicher für kleinere dezentrale Wassermengen in Haushalten. Sie beinhalten einen isolierten Tank, in dem Wasser ständig auf einer eingestellten Temperatur gehalten wird. Die Wärmequelle kann ein im Tank eingebauter Elektroheizstab, betrieben mit elektrischer Energie aus Sonnenlicht, oder eine externe Wärmequelle wie ein Gas- oder Ölkessel oder eine Wärmepumpe sein.

Solar-Warmwasserspeicher

Diese Speichertypen sind speziell für die Nutzung von Solarthermieanlagen konzipiert. Sie speichern das durch Solarkollektoren erwärmte Wasser. Meist sind sie als Teil eines Systems mit zwei Kreisläufen konstruiert: einem für das Antifrogen-Gemisch, das die Wärme von den Kollektoren zum Speicher transportiert, und einem für das zu verwendende Warmwasser.

Wärmepumpen-Speicher

Diese Tanks speichern das Wasser, das von einer Wärmepumpe erwärmt wird. Wärmepumpen entziehen der Außenluft, dem Grundwasser oder dem Erdreich Wärme und übertragen sie auf das Wasser im Speicher.

Pufferspeicher

Weniger ein reiner Warmwasserspeicher als ein Systemteil zur Unterstützung der Heizanlage. Pufferspeicher können auch mit internen oder externen Wärmetauschern ausgestattet sein, um Warmwasser für den Haushalt zu liefern.

3. Eigenheime

3.1 Die Sanierung eines Eigenheims: optimale Vorgehensweisen und individuelle Anforderungen

Die Sanierung eines Eigenheims stellt Hausbesitzer vor viele Fragen und Herausforderungen. Was soll am dringendsten saniert werden? In welcher Reihenfolge? Und wie fange ich an?

Das primäre Ziel einer Haussanierung ist oft die Dekarbonisierung (oder auch Entkarbonisierung: die Umstellung in Richtung einer niedrigeren Emission von Kohlenstoffdioxid – CO_2), bei der die Optimierung der Gebäudehülle und der Anlagentechnik im Vordergrund steht. Wie man dabei am besten vorgeht und in welcher Reihenfolge die Maßnahmen angegangen werden sollten, werde ich im Folgenden erläutern.

Grundlagen schaffen

Die Grundlagenermittlung für die Sanierung von Gebäuden ist ein umfangreicher Prozess, der eine genaue

Bewertung verschiedener baulicher und rechtlicher Aspekte erfordert. Im Folgenden wird auf die Kernpunkte dieser Ermittlung eingegangen.

Baukosten

Ein entscheidender Faktor ist der ursprüngliche finanzielle und architektonische Aufwand, mit dem das Gebäude errichtet wurde. Ein vor 40 Jahren für 3 Mio. € Baukosten errichtetes öffentliches Gebäude oder ein Eigenheim, das für 250.000,00 € Baukosten errichtet wurde, erfordert eine andere Herangehensweise als ein funktionaler Bau mit weit weniger Baukosten.

Wohngebäude wurden und werden oft mit dem Ziel errichtet, individuellen Wohnbedarf zu decken, was in der Vergangenheit zu einer Vielfalt an Baustilen und -methoden führte. Die Baukosten waren stark von der Größe, dem Standort, der Qualität der verwendeten Materialien und den damals geltenden Vorschriften abhängig. Als Ergebnis ist heute eine breite Palette an Sanierungskosten zu beobachten, da ältere Wohnhäuser oft energetische Modernisierungen, Asbestsanierungen oder Anpassungen an heutige Komfortstandards erfordern. Zudem kann die Denkmalpflege bei historischen Gebäuden zu zusätzlichen Kosten führen.

Andere Gebäude wie Büro- oder Gewerbebauten wurden hingegen oft mit einem stärkeren Fokus auf

Funktionalität und Wirtschaftlichkeit errichtet. Hier könnten die Baukosten niedriger gewesen sein, wenn aufwändige architektonische Elemente zugunsten einfacherer Konstruktionen vernachlässigt wurden. Allerdings kann die Notwendigkeit der technischen Aufrüstung für moderne Geschäftsbedürfnisse die heutigen Sanierungskosten in die Höhe treiben.

Öffentliche Einrichtungen schließlich wie Schulen, Krankenhäuser oder Verwaltungsgebäude folgten oft standardisierten Bauplänen und unterlagen strengen Bauvorschriften. Die Baukosten waren in der Regel höher, weil sie die langfristige Nutzung und hohe Besucherzahlen berücksichtigen mussten. Heute können die Sanierungskosten dieser Gebäude wegen Vorschriften zur Barrierefreiheit, des Erfordernisses nachhaltiger Energiestandards und technologischer Modernisierungen signifikant variieren.

Kellerbeschaffenheit

Die Untersuchung der Kellerbeschaffenheit ist essenziell, um Feuchtigkeitsprobleme und deren Ursachen zu identifizieren. Ein nasser Keller kann auf Probleme mit der Abdichtung oder eine mangelnde Drainage hinweisen. Die Sanierung könnte dementsprechend Maßnahmen wie das Einbringen einer neuen Abdichtung, eine Innen- oder Außendämmung oder das Installieren oder Optimieren von Drainagesystemen bis hin zu einer umlaufenden Horizontalabdichtung zum Schutz gegen aufsteigende Feuchtigkeit aus dem Kellergeschoss umfassen.

Deckenhöhen

Die Deckenhöhen sind nicht nur aus ästhetischer und funktionaler Sicht wichtig, sondern auch für die Planung der technischen Gebäudeausrüstung. Niedrige Decken können die Möglichkeiten für das Verlegen von Leitungen oder das Anbringen von Deckenisolation oder den Einbau einer Flächenheizung einschränken, während hohe Decken mehr Spielraum bieten, aber auch Probleme bei der Wärme- und Schalldämmung bereiten können.

Zustand der Bausubstanz allgemein

Eine gründliche Beurteilung der Bausubstanz einschließlich tragender Elemente, Außenwände und Innenstrukturen ist unerlässlich, um die Notwendigkeit von Verstärkungen, die Erneuerung von Materialien oder die Sanierung von Schäden durch Schimmel oder Schädlinge ermitteln zu können. Besondere Aufmerksamkeit verdient hier der Erhalt historischer Substanz.

Fenster und Türen

Bei der Bewertung der Fenster und Türen sind Aspekte wie der Anteil der Verglasung, die Rahmenmaterialien und der Zustand der Dichtungen sowie die Lage des Fenster- oder Türelementes im Mauerwerk (außen-, innenwandbündig oder mittig) von Bedeutung. Es muss geprüft werden, ob eine Umrüstung auf eine moderne Dreifachverglasung möglich ist, welche energetischen Einsparungen damit erzielt werden können und ob es strukturelle Einschränkungen gibt. Insbesondere bei dem Austausch von Fenster und Türen im Gebäudebestand ist die Beachtung von Wärmebrücken, des Wärmedämmwerts der Gebäudeumfassungsflächen sowie die Erstellung eines Lüftungskonzeptes zur Vermeidung von Feuchte- und Schimmelproblemen elementar.

Denkmalschutz

Ist das Gebäude als Denkmal geschützt, sind die Vorgaben des Denkmalschutzes zu beachten. Diese können von der Erhaltung bestimmter Fassaden bis hin zur Verwendung originalgetreuer Materialien reichen und haben erheblichen Einfluss auf die Sanierungsmaßnahmen und -kosten.

Lage

Die geografische Lage eines Gebäudes bestimmt in sehr hohem Maße den Wert und beeinflusst darüber hinaus zahlreiche Aspekte der Sanierung, von klimatischen Bedingungen bis hin zu regionalen Baustandards und Verfügbarkeit von Materialien und Handwerkern. Außerdem sind lokale Bauvorschriften und Bebauungspläne und die Anforderungen an den Brandschutz zu berücksichtigen.

Größe und Ausrichtung des Daches

Für die Installation von Photovoltaikanlagen ist die Größe und insbesondere die Ausrichtung des Daches entscheidend. Südausrichtung und eine angemessene Neigung ohne Verschattung sind ideal für eine maximale Effizienz der Solaranlage.

Größe des Grundstücks

Die Größe des Grundstücks ist vor allem dann von Bedeutung, wenn zusätzliche Anlagen wie eine Wärmepumpe geplant sind. Hier muss genügend Platz für die Außeneinheit und, im Falle einer Erdwärmepumpe, auch für die nötigen Bohrungen oder das Verlegen von Kollektoren sein.

Die Lehrbuchlösung – Gebäudehülle first, Anlagentechnik second

Bei der energetischen Sanierung eines Gebäudes steht die Verbesserung der Gebäudehülle häufig im Vordergrund, um eine optimale Energieeffizienz zu gewährleisten. Viele Energieberater setzen genau hier an und betonen die zentrale Bedeutung dieses Schrittes als Grundlage für eine erfolgreiche energetische Optimierung.

Gebäudehüllendämmung

In der Regel beginnt der Energieberater mit einer genauen Analyse des Gebäudes. Wenn ein Gebäude deutlich zu viel Energie verbraucht und im Winter zu viel Wärme verliert, ist eine umfassende Optimierung unerlässlich.

Bei der Sanierung eines Gebäudes sollte idealerweise mit dem Dach begonnen werden. Hier empfiehlt sich das Einbringen einer Zwischensparren- oder Aufdachdämmung und, falls nötig, das Aufdoppeln dies Dachsparrens, um die erforderliche Dämmstärke aufnehmen zu können. Darüber hinaus kann es sinnvoll sein, den Dachüberstand zu erweitern, um später eine optimale Anbindung bei der Dämmung der Außenhülle – einschließlich Außenwänden, Fenstern und Türen – zu gewährleisten. Dies ermöglicht eine reibungslose Integration der erforderlichen Anschlusspunkte für Dachrinnen und Fensterlaibungen und ggf. Blitzschutzsystemen.

Eine besondere Beachtung erfordert die Anpassung und Abdichtung der Fenster, sowohl in der Größe – um mehr Tageslicht in die Räume zu lassen – als auch in der Qualität. Dies ist ein weiterer entscheidender Schritt zur Minimierung von Wärmeverlusten. Sobald das Gebäude abgedichtet ist, ist ein Lüftungskonzept unerlässlich, aus dem sich ggf. der Einbau eines Lüftungssystems mit Wärmerückgewinnung ergibt, sei es dezentral oder zentral. Dies beugt bauphysikalischen Problemen wie der Schimmelbildung vor und gewährleistet ein gesundes Raumklima. In einem idealen Szenario lässt sich ein zentrales Lüftungsgerät auch mit einer Wärmepumpe koppeln, was die Effizienz der Energienutzung weiter steigern kann.

Erst wenn die Gebäudehülle optimal isoliert ist, wird sich der Blick des Energieberaters auf die Beheizung des Gebäudes richten. Durch die vorgenommene Dämmung wird nun weniger Energie zum Beheizen benötigt, was eine effizientere Energienutzung ermöglicht, weil deutlich kleinere Heizflächen, Rohrleitungen und Heizkesselgrößen die für die Anlagentechnik erforderlichen Investitionen reduzieren. Hier jedoch sei auch angemerkt, dass, abhängig vom Haustyp und den gewählten Maßnahmen, bereits vor diesem Schritt für ein Einfamilienhaus mit ca. 120–180 Quadratmetern Wohnfläche

Investitionen in Höhe von etwa 150.000–250.000 € angefallen sein können.

Die ganzheitliche Sanierung kann also als ein mehrstufiger Prozess betrachtet werden, der mit einer sorgfältigen Prüfung und schrittweisen Optimierung der Gebäudehülle beginnt und erst im Anschluss daran die Energieversorgung und -verteilung in den Fokus nimmt. So gewährleistet man, dass die eingesetzte Energie effizient genutzt wird und nicht unnötig verloren geht.

Anlagentechnik

Der nächste Schritt nach der Optimierung der Gebäudehülle in einer Haussanierung ist die Modernisierung der Anlagentechnik. Hierbei spielen insbesondere die Erneuerung von Sanitär- und Heizungsleitungen und die Überarbeitung der Elektroinstallation sowie der mögliche Einbau eines Lüftungssystems eine Rolle.

Was die Elektroinstallation betrifft, wird zuerst ein sogenannter E-Check durch eine Fachfirma vorgenommen. Eine Prüfung der elektrischen Anlagen und Geräte nach DIN VDE ist unerlässlich, um die Sicherheit und den ordnungsgemäßen Zustand der Elektroinstallation zu gewährleisten. Besonders in älteren Gebäuden ist oft festzustellen, dass die Elektroinstallation nicht mehr dem aktuellen Stand der Technik entspricht und beispielsweise FI-Schutzschalter fehlen oder nicht mehr dem Stand der Technik entsprechen, die vor lebensgefährlichen Stromschlägen schützen.

Neben der Elektroinstallation gilt es, das Augenmerk auf die Erneuerung von Heizleitungen und Heizflächen zu richten. Hierbei spielt insbesondere die Wärmepumpe eine zentrale Rolle, da sie niedrige Vorlauftemperaturen benötigt, um effizient zu funktionieren. Dies bedingt aber wiederum den Einsatz von Flächenheizungen oder speziellen Heizkörpern, die mit niedrigen Vorlauftemperaturen betrieben werden können. Die Maßnahme stellt sicher, dass die Wärmepumpe in einem optimalen Bereich läuft und somit effizient und energiesparend arbeitet.

In der Kostenkalkulation sollten Hausbesitzer einer Wohnimmobilie in der oben angenommenen Größenordnung von ca. 120–180 Quadratmetern Wohnfläche für die Erneuerung der Anlagentechnik (Heizung, Lüftung, Sanitärleitungen und Elektro) zusätzlich etwa 100.000–200.000 € einplanen, wobei dieser Betrag sowohl nach unten und oben deutlich variieren kann – abhängig von der spezifischen Situation und den Anforderungen des jeweiligen Gebäudes.

Nicht in den Kosten enthalten sind Entwässerungsleitungen unter dem Gebäude, Kanalanschlüsse bis in den öffentlichen Grund und die Ausstattung von Bad und Küche. Es ist daher essenziell, bei der Planung einer Haussanierung nicht nur die Gebäudehülle, sondern auch die dahinterliegende Anlagentechnik zu berücksichtigen und in die finanzielle Planung einzubeziehen, um nachhaltig und zukunftssicher zu sanieren.

Praxistipp: Eine Kanalbefahrung mit digitaler Videoaufzeichnung gibt bei Immobilienkauf zusätzliche Sicherheit bezüglich der Entwässerungsleitungen. Generell gilt bei Kauf einer Bestandsimmobilie, in der Kalkulation den Kaufpreis plus mögliche Sanierungsschritte zu berücksichtigen.

Wer soll das bezahlen?

An diesem Punkt stellt sich mit Sicherheit jeder Leser schon die Frage: Wer soll das bitte auf einmal bezahlen können? Die finanzielle Tragweite einer umfassenden Haussanierung, insbesondere in Hinblick auf Energieeffizienz und Modernisierung der Anlagentechnik, stellt für viele Hausbesitzer eine erhebliche Herausforderung dar.

> **Statt alles auf einmal: schrittweise reverse sanieren – Anlagentechnik first, Gebäudehülle second**

Eine schrittweise umgekehrte Sanierung mit »Technik First« mag zunächst im Widerspruch zu der vorhergehenden klassischen Sanierungsmethode – erst Außenhülle, dann Gebäudetechnik – stehen, kann aber durchaus eine ideale Lösung für viele Hausbesitzer eines denkmalgeschützten Gebäudes oder eines Gebäude mit Grenzbebauung sein oder einfach für diejenigen, die nicht in der Lage oder bereit sind, eine vollständige energetische Sanierung ihres Hauses in einem Schritt zu finanzieren oder durchzuführen. Die Überlegung, insbesondere im Bereich der Anlagentechnik etappenweise vorzugehen, bringt diverse Vorteile mit sich:

Der Einbau einer Hybridkesselanlage bzw. einer Hybridwärmepumpenanlage ist eine Methode, um moderne Energieeffizienz mit bestehenden Systemen zu kombinieren.

In der Technik bezeichnet »Hybrid« ein System, in dem zwei oder mehr Technologien miteinander kombiniert werden, um ein komplexes Ganzes zu bilden, das sich aus unterschiedlichen Arten oder Prozessen zusammensetzt.

Die Bezeichnung »Hybrid« hebt hervor, dass verschiedene Komponenten oder Prozesse zu einem einzigen System zusammengeführt werden. Die Stärke eines solchen Hybridansatzes liegt darin, dass die einzelnen Elemente bereits für sich funktionale Lösungen darstellen, in Kombination jedoch neue, wünschenswerte Eigenschaften und Effizienzsteigerungen hervorgebracht werden können.

Hybride Wärmeerzeugungssysteme oder Heizsysteme bestehen aus einer Vielfalt verschiedener Wärmeerzeuger. Dies kann eine Ergänzung zu einem bestehenden

System sein oder eine neue, integrierte Lösung darstellen. Beispiele hierfür sind die Kombination von fossiler Wärmeerzeugung mit einer Wärmepumpe und einem thermischen Kollektor oder die Verbindung einer Wärmepumpe mit einer Photovoltaikanlage. Solche Systeme nutzen die Vorteile verschiedener Energiequellen und Technologien, um eine hohe Effizienz und Flexibilität in der Energieversorgung zu erreichen.

Der Reiz dieses Ansatzes liegt in der angepassten Energieversorgung: Die Heizung wird, basierend auf einer sorgfältigen Heizlastberechnung, auf eine spezifische Normaußentemperatur ausgerichtet. Die Normaußentemperatur ist die tiefste Temperatur einer Kälteperiode, die zehn Mal innerhalb von 20 Jahren über mindestens zwei aufeinanderfolgende Tage an einem bestimmten Standort gehalten hat. Für Würzburg (PLZ 97078), ist diese Normaußentemperatur beispielsweise -11,4°C, für Hof (PLZ 95028), ist diese -14,6 °C. Die Normaußentemperatur ist in der DIN EN 12831 verzeichnet, kann aber auch über die Internetseite des bwp (Bundesverband Wärmepumpe e.V.) durch Eingabe der PLZ (Postleitzahl – https://www.waermepumpe.de/normen-technik/klimakarte/) eingesehen werden.

Eine Hybridanlage bietet dabei eine flexible Energieversorgung mithilfe zweier Wärmeerzeuger: einen für die Sommermonate und die Übergangszeit und den anderen für die besonders kalten Tage. In den wärmeren

Monaten und Übergangszeiten übernimmt die Wärmepumpe sowohl die Warmwasserversorgung als auch die Beheizung des Hauses, idealerweise unterstützt von Photovoltaik. Während der kalten Wintermonate, wenn die Wärmepumpe alleine möglicherweise nicht ausreicht oder zu ineffizient arbeitet, kommt der alte Kessel ins Spiel und bietet zusätzliche Heizkraft.

Dieses Modell ermöglicht es auch, Investitionen zu staffeln. Anstatt alle Heizflächen auf einmal zu ersetzen, können Hausbesitzer sich darauf konzentrieren, nur einige wenige zentrale Heizflächen auszutauschen. In Hauptwohnbereichen wie dem Wohnzimmer, der Küche, dem Bad und dem Schlafzimmer könnten beispielsweise drei Niedertemperaturheizkörper installiert werden. Diese Heizkörper können bereits bei einer Temperatur von etwa 35° C effizient heizen und sind ideal für den Einsatz zusammen mit der Wärmepumpe.

Der additive Einsatz einer Hybridanlage bildet eine pragmatische schrittweise Lösung für die Sanierung, die den Übergang zu energieeffizienteren Heizsystemen ohne erhebliche einmalige Investitionen ermöglicht.

Smart Home und Photovoltaik als Ergänzungen

Im Zuge der schrittweisen Sanierung und insbesondere bei der Installation einer Hybridheizanlage gibt es innovative Ansätze, um das Energiemanagement des Eigenheims noch effizienter und kostenoptimierter zu gestalten.

Ein spannendes Tool in diesem Zusammenhang ist eine sogenannte übergeordnete »intelligente Regelung«, die durch eine »vorausschauende« Arbeitsweise Wetterprognosen und Wetterdaten für die kommenden Tage abfragt oder Aufheizzeiten einzelner Räume eines Gebäudes nutzt, um zum Beispiel zu erkennen, wie kalt es wird oder ob ein Temperatursturz bevorsteht bzw. wie lange es dauert, bis die gewünschte Raumtemperatur erreicht ist.

Besonders interessant ist die Fähigkeit solcher intelligenter (smarter) Regelungen, Gas- und Strompreise miteinander zu vergleichen und auf dieser Basis zu kalkulieren, ob es wirtschaftlicher ist, das Haus mit der Wärmepumpe oder dem traditionellen Kessel zu beheizen.

Eine weitere effiziente Idee ist die Kombination einer zusätzlichen Wärmepumpe mit einer Photovoltaikanlage. Hierbei kann im Sommer die Warmwasserbereitung mit Sonnenenergie erfolgen, indem elektrische Module eingesetzt werden, die in Kombination mit einem Elektroheizstab agieren. So erzeugen Sie umweltfreundliche, nahezu CO_2-neutrale Energie direkt vor Ort und können Ihren zugekauften Energiebedarf durch die Eigennutzung von Solarstrom reduzieren. Damit wird ein energetisch autarkes und nachhaltiges Wohnen weiter vorangetrieben und das Haushaltsbudget entlastet. Durch die Kombination aus effizienten und intelligenten Technologien gelingt es, das Eigenheim schrittweise zu modernisieren, ohne dass eine umfassende Sanierung notwendig wird.

Wie geht es dann weiter?

Sind die Anlagentechnik gegen eine Hybridlösung ausgetauscht und eventuelle Smart Home–Lösungen integriert, kann es an die Sanierung von Dach, Fenstern und Außenhülle gehen.

Dachsanierung

Das Dach ist einer der kritischsten Bereiche eines Gebäudes, wenn es um Energieverlust geht. Warme Luft steigt bekanntlich nach oben und kann bei schlecht isolierten Dachflächen leicht entweichen. Eine Sanierung des Daches sollte daher der erste Schritt sein. Hierzu gehört die Überprüfung und Erneuerung der Dämmung, um sicherzustellen, dass sie den aktuellen Energiestandards entspricht. Dachsanierungen können von der Nachrüstung mit Zwischensparrendämmung über das Aufbringen einer Aufsparrendämmung bis hin zum Austausch oder der Reparatur von Dachziegeln oder -platten reichen, um eine vollständige Abdichtung zu gewährleisten. Zusätzlich können Dachfenster eingebaut oder ersetzt werden, um die natürliche Belichtung zu verbessern und gleichzeitig die energetische Bilanz des Daches zu optimieren.

Die Sanierung des Daches spielt auch eine entscheidende Rolle im Hinblick auf die Installation einer Photovoltaikanlage. Bevor man eine solche Anlage, deren Nutzungsdauer gewöhnlich auf circa 25 bis 30 Jahre geschätzt wird, in Betracht zieht, sollte das Dach auf seine Tauglichkeit überprüft und gegebenenfalls saniert werden. Es gilt zu bewerten, ob die bestehende Dachstruktur die nächsten Jahrzehnte ohne zusätzliche Sanierungsmaßnahmen überdauern kann. Andernfalls könnten im Falle einer notwendigen Demontage und anschließenden Neumontage der Photovoltaikanlage beträchtliche Mehrkosten entstehen. Die Investition in eine professionelle Beurteilung durch einen Fachexperten ist daher unerlässlich und sollte keinesfalls gescheut werden, um langfristig Kosten zu sparen und die strukturelle Integrität des Daches sicherzustellen.

Fenstersanierung

Die Qualität der Fenster beeinflusst maßgeblich die Energiebilanz eines Gebäudes. Bei der Sanierung sollte auf die thermische Qualität der Fenster geachtet werden. Hochwertige, gut isolierte Fenster helfen, Heizkosten zu senken und Energie zu sparen. Dabei sind nicht nur der U-Wert (Wärmedurchlässigkeit) und die Verglasung wichtig, sondern auch Aspekte wie Lärmschutz und Sicherheit. Moderne Fenster mit Mehrfachverglasung bieten zudem ausgezeichnete Schallschutz-

und Sicherheitseigenschaften und tragen mit ihrer verbesserte Isolierung wesentlich zur Energieeffizienz bei. Die Auswahl der Rahmenmaterialien – ob Holz, Kunststoff oder Metall – hängt von den individuellen Vorlieben und den spezifischen Anforderungen des Gebäudes ab.

Außenwandsanierung

Die Sanierung der Außenwand geht häufig mit der Fenstersanierung einher, da eine effektive Dämmung der Außenwände wichtig ist, um Wärmeverluste zu minimieren. Moderne Wärmedämmverbundsysteme (WDVS) oder eine vorgehängte, hinterlüftete Fassade in Verbindung mit einer Dämmung können die thermische Hülle des Gebäudes entscheidend verbessern. Bei der Auswahl des Dämmmaterials und der Dämmstärke sind sowohl energetische als auch bauphysikalische Aspekte zu berücksichtigen. Hier spielt auch der Denkmalschutz eine Rolle, da bei historischen Gebäuden die äußere Erscheinung erhalten bleiben muss. Innovative Lösungen wie Innendämmung oder spezielle Dämmstoffe können hier eingesetzt werden. Auch die Optik der Fassade sollte bei der Sanierung berücksichtigt werden, um das Erscheinungsbild des Gebäudes zu bewahren oder zu verbessern.

Die Optimierung der Gebäudeisolierung führt zu einer erhöhten Luftdichtheit, weshalb durchdachte Belüftungskonzepte und Temperaturregulierungssysteme unerlässlich sind, um ein gesundes Raumklima zu gewährleisten. Der Einsatz der Wärmepumpe, die nicht nur Heiz-, sondern unter bestimmten Voraussetzungen auch Kühlfunktionen übernehmen kann, bietet sich hier als wirkungsvolle Lösung an. Eine solche Anlage ermöglicht es, Energie zum Heizen aus der Umgebung zu gewinnen und umgekehrt im Sommer die Räume angenehm zu kühlen.

Die Dämmung der Außenwände und die damit einhergehende Isolierung der Gebäudehülle verbessern die Energieeffizienz wesentlich, allerdings steigt auch die Notwendigkeit einer adäquaten Belüftung. Ein Lüftungsgerät wird benötigt, um eine kontrollierte Luftzufuhr sicherzustellen und Feuchtigkeitsansammlungen sowie Schimmelbildung zu verhindern, die wegen der verringerten natürlichen Luftzirkulation in einem dicht isolierten Gebäude entstehen können. Darüber hinaus ermöglicht ein Lüftungsgerät mit Wärmerückgewinnung eine effiziente Energienutzung, indem es die Wärme der abgeführten Luft zurückgewinnt und für die Erwärmung der frisch zugeführten Luft verwendet. Dies unterstützt nicht nur ein gesundes Raumklima, sondern trägt auch zur Senkung der Heizkosten bei.

Die Chance zur Veränderung nutzen – Raumaufteilung erneuern

Die Sanierung eines Gebäudes bietet oft nicht nur die Gelegenheit zur energetischen Verbesserung, sondern auch zur Neugestaltung der architektonischen Struktur. Änderungen in der Raumaufteilung können dazu genutzt werden, den Wohnraum modernen Bedürfnissen anzupassen, wie zum Beispiel das Schaffen von offen gestalteten, multifunktionalen Wohn-, Ess- und Küchenbereichen, die den heutigen Lebensstilen entsprechen. Dabei ist zu beachten, dass solche baulichen Veränderungen nicht nur Auswirkungen auf die Ästhetik und Funktionalität haben, sondern auch die bauphysikalischen Eigenschaften des Hauses beeinflussen können. Eine durchdachte Planung muss daher sowohl die statische Tragfähigkeit als auch die thermischen und akustischen Anforderungen berücksichtigen, um sicherzustellen, dass die neuen Räume komfortabel, sicher und energieeffizient sind.

3.2 Roadmap to Haussanierung

Die Sanierung eines Gebäudes ist ein vielschichtiges Unterfangen, das einer sorgfältigen Planung und wohlüberlegten Entscheidungen bedarf. Jeder, der vor der großen Aufgabe steht, sein Eigentum energetisch, optisch und funktional zu erneuern, sieht sich einer Fülle von Fragen und Entscheidungen gegenüber, die auf dem Weg zu einem gelungenen und zukunftssicheren zuhause unvermeidlich sind.

Sanierungsziele verschiedener Generationen: vom jungen Glück bis zum Goldenen Lebensabend

Sanierungsprojekte können aus verschiedenen Lebenssituationen heraus entstehen und unterschiedliche Zielsetzungen verfolgen. Für junge Familien markiert der Erwerb eines Hauses den Beginn einer langfristigen Bindung – sie sind auf der Suche nach einem Zuhause, das über mehrere Generationen hinweg Beständigkeit und Komfort verspricht. Dabei sind Faktoren wie die gute Erreichbarkeit an den Arbeitsplatz und die sorgfältige Ausrichtung auf einen zukunftsfähigen Lebensmittelpunkt von großer Bedeutung. Fortschrittliche Konzepte wie Elektromobilität, die Einrichtung von Garagen mit Ladestationen und die Installation von Photovoltaikanlagen zur effizienten Energieerzeugung rücken in dieser Lebensphase in den Vordergrund.

Allerdings sollten junge Familien bei solchen Vorhaben auch die finanziellen Risiken nicht aus den Augen verlieren. Eine umfassende Sanierung kann hohe Kosten verursachen, die sich auf die finanzielle Flexibilität auswirken und bei nicht ausreichender Planung zu einer langfristigen finanziellen Belastung werden können. Insbesondere die anfänglichen Investitionen für moderne Technologien und Energieeffizienzmaßnahmen stellen eine hohe Ausgabe dar, die sorgfältig gegen mögliche Einsparungen abgewogen werden muss. Darüber hinaus ist es für Familien wichtig, Rücklagen für unvorhergesehene Ausgaben zu bilden und eine mögliche Wertminderung des Objekts durch veränderte Marktlagen oder technische Innovationen zu berücksichtigen.

Ältere Ehepaare, deren Kinder bereits den elterlichen Haushalt verlassen haben, stehen vor anderen Fragen und setzen andere Schwerpunkte bei der Sanierung ihres Eigentums. In dieser Lebensphase gewinnen Aspekte des altersgerechten Wohnens an Bedeutung. Auch wenn es momentan noch nicht unmittelbar relevant sein mag, ist es ratsam, solche Maßnahmen bei der Planung von Sanierungsprojekten einzubeziehen. So lässt sich langfristig ein selbstbestimmtes und komfortables Leben im eigenen Heim gewährleisten. Die energieeffiziente Ausrichtung des Wohnraums ist dabei ebenso von Belang, da sie den Wohnkomfort steigert und zur wirtschaftlichen Effizienz beiträgt.

Für ältere Ehepaare ist es jedoch auch von großer Wichtigkeit, die finanziellen Risiken einer Gebäudesanierung sorgfältig zu bewerten. Die finanzielle Lage im Ruhestand ist häufig von einer festen Budgetplanung geprägt, und unerwartete Ausgaben können eine beträchtliche Belastung darstellen. Sanierungsmaßnahmen sollten daher mit Blick auf das verfügbare Budget und potenzielle staatliche Fördermöglichkeiten sorgfältig geplant werden. Ebenso ist es entscheidend, die Sanierung so zu gestalten, dass sie den Wert der Immobilie erhält oder steigert, ohne dabei das Risiko einer Überinvestition einzugehen, bei der die Kosten den tatsächlichen Mehrwert übersteigen.

Wie beginnen?

Zu Beginn des Sanierungsprozesses sind grundlegende Fragen zu klären: Wie soll das Gebäude genutzt werden und welche Altersstruktur haben die Bewohner? Diese Ausgangsfragen bilden die Grundlage für die nachfolgenden Schritte.

Die Lebenszykluskostenbetrachtung (Life Cycle Costing, kurz LCC) nimmt dabei eine zentrale Rolle ein. Die Lebenszykluskostenbetrachtung eines Hauses umfasst die Gesamtheit aller Kosten, die über den gesamten Lebenszyklus eines Gebäudes anfallen, von der Planung und Errichtung über den Betrieb und die Instandhaltung bis hin zum Abriss oder zur Sanierung. Dabei werden nicht nur die anfänglichen Investitionskosten berücksichtigt, sondern auch zukünftige Ausgaben wie beispielsweise Energiekosten, Wartungs- und Reparaturkosten sowie mögliche Modernisierungsinvestitionen.

Dieser ganzheitliche Ansatz ermöglicht es, eine fundierte Entscheidungsgrundlage für Bauherren und Investoren zu schaffen, indem er die wirtschaftlichste Lösung über den gesamten Nutzungszeitraum eines Gebäudes hinweg abbildet. Insbesondere geht es bei der Konzepterstellung darum, mit möglichst pragmatischen Ansätzen zielorientiert energie- und ressourcenschonend unter Berücksichtigung der vor Ort vorhandenen Ressourcen die wirtschaftlich beste Lösung für den Kunden zu finden.

Danach ist die Frage zu klären, was und in welcher Reihenfolge saniert werden soll. Bei der Sanierung für ältere Menschen sollte das Augenmerk verstärkt auf eine altersgerechte Ausgestaltung des Wohnraumes gerichtet werden. Barrierereduzierte Zugänge und Ausstattung sowie eine nutzerfreundliche, sichere Wohnumgebung tragen dazu bei, den Lebensabend so autonom wie möglich zu gestalten.

Richtige Expertise: der Weg zu einem qualifizierten Team

Bei der Sanierung eines Gebäudes steckt die Komplexität oft im Detail. Das Vorhaben, ein Gebäude zu modernisieren oder altersgerecht zu gestalten, fordert nicht nur handwerkliches Geschick und Verständnis für bauliche Gegebenheiten, sondern auch technisches Knowhow und klare Vorstellungen für das Endergebnis. Hier kommt der erste, entscheidende Schritt ins Spiel: die Konsultation eines Fachexperten. Doch an wen sollte man sich zuerst wenden? An einen Energieberater, Ingenieur, oder Architekten mit einem technischen Schwerpunkt?

Die Wahl des Experten kann stark vom jeweiligen Vorhaben und den individuellen Anforderungen an die Sanierung abhängen. Ein Energieberater beispielsweise ist als erster Ansprechpartner richtig, wenn es um Fragen zur Energieeffizienz, Möglichkeiten der Energieeinsparung oder zur Nutzung erneuerbarer Energien oder den Zugang zu Fördermitteln geht. Der Berater evaluiert den aktuellen energetischen Zustand des Gebäudes, gibt Empfehlungen für sinnvolle Maßnahmen und kann über mögliche Fördermittel und Finanzierungsoptionen informieren. Eine übersichtliche Auflistung von Ansprechpartnern sowie Informationen zu Fördermittelstellen finden Sie im sechsten Kapitel.

Wenn allerdings größere Umbauten oder eine umfassende Neugestaltung des Gebäudes geplant sind, könnte ein Architekt mit Fokus auf technische Aspekte der bessere erste Anlaufpunkt sein. Ein Architekt hilft dabei, Vorstellungen und Wünsche in konkrete Pläne umzusetzen, berät hinsichtlich baurechtlicher Vorgaben und koordiniert gegebenenfalls auch die Umsetzung mit verschiedenen Ingenieurbüros und Handwerksbetrieben. Ein technisch versierter Architekt kann zudem darauf achten, dass neben ästhetischen auch funktionale und energetische Aspekte berücksichtigt werden.

In bestimmten Fällen, etwa wenn die Bausubstanz, Statik oder die technischen Installationen im Vordergrund stehen, ist der Rat eines Ingenieurs unerlässlich. Er kann tragfähige Lösungen für strukturelle Herausforderungen entwickeln und technische Systeme wie beispielsweise die Heizungsanlage oder elektrische Installationen planen und optimieren.

Wichtig ist, dass der gewählte Fachexperte nicht nur über das nötige Fachwissen, sondern auch über praktische Erfahrung in der Umsetzung entsprechender Projekte verfügt. Dabei sollte der Fokus nicht nur auf den aktuellen Bedürfnissen, sondern auch auf zukünftigen Anforderungen liegen, um das Gebäude langfristig nutzbar und wertstabil zu machen.

Eine umsichtige, vorausschauende Planung und eine kompetente, fachübergreifende Beratung bilden das Fundament für eine erfolgreiche Gebäudesanierung. In diesem Sinne wird der erste Schritt – die Wahl des passenden Experten – zur Weichenstellung für das gesamte Projekt. Er sollte in der Lage sein, eine umfassende Bestandsaufnahme zu machen, individuelle Wünsche und Bedürfnisse zu verstehen und auf dieser Basis einen maßgeschneiderten Sanierungsplan zu entwickeln. Denn nur so wird sichergestellt, dass das sanierte Gebäude nicht nur heute, sondern auch in Zukunft den Anforderungen seiner Bewohner gerecht wird.

Finanzierung

Eine erfolgreiche Gebäudesanierung steht und fällt mit einer durchdachten Finanzierung. Das beginnt bei einer realistischen Kalkulation der Kosten und erstreckt sich bis zur Abwägung der unterschiedlichen Finanzierungsoptionen.

Eine akkurate Kostenschätzung im ersten Schritt und eine Kostenberechnung für die weiteren Planungsschritte sind schon im Vorplanungs- und Entwurfsplanungsstand essenziell, um später keine bösen Überraschungen zu erleben. Hier empfiehlt sich die Konsultation eines Fachmanns, der je nach Umfang der Baumaßnahme ein Architekt oder Ingenieur oder auch beides sein kann. Ein spezieller Hinweis zur Kostenschätzung: Technikkosten sollten bei umfangreichen ganzheitlichen Sanierungen derzeit mindestens 30–45 Prozent der Gesamtkosten ausmachen. Liegt der Kostenvoranschlag darunter, sollte kritisch nachgehakt werden. Das Bauwerk mag zwar bereits stehen, aber der technische Teil der Sanierung – sei es im Bereich Wärme, Abwasser, Elektrizität oder bei den Leitungen – bedarf oft einer Rundumerneuerung. Auch architektonische Änderungen wie eine Veränderung der Raumzuschnitte können beispielsweise eine Anpassung der Heizflächen und deren Berechnung und Planung nach sich ziehen.

Im Hinblick auf die Finanzierungsoptionen empfiehlt es sich, ca. 30–40 Prozent der Gesamtkosten als Eigenanteil einzuplanen. Hierbei gilt es, vorausschauend zu denken und auch mögliche unerwartete Ereignisse wie den Verlust eines Arbeitsplatzes oder Berufsunfähigkeit, was beispielsweise mit einer Berufsunfähigkeitsversicherung abgemindert werden kann, einzukalkulieren. Dabei spielt auch die Tilgungsdauer der Finanzierung eine entscheidende Rolle. Eine oft verwendete Grenze ist hierbei die theoretische Anlagenlebensdauer von 20 Jahren, was auf die Lebensdauer vieler Anlagen zurückzuführen ist. Sollten Sie Ihr Gebäude mit einer Tilgung von 40 Jahren kalkulieren, müssen Sie bedenken, dass in etwa 20 Jahren womöglich erneute Investitionen notwendig werden, um beispielsweise technische Anlagen oder Teile davon (Heizungspumpen, Ventile und andere mechanische oder sich drehende Bauteile) zu erneuern. Diese zusätzlichen Kosten könnten Ihre finanzielle Planung gefährden, insbesondere, wenn die zu diesem Zeitpunkt anfallenden Kosten nicht einkalkuliert wurden.

Eine kluge Herangehensweise ist auch im Umgang mit Architekten gefragt. Weder zu viel noch zu wenig ist hier die Devise. Ein Architekt sollte nicht nur das ästhetische und funktionale Design im Blick haben, sondern auch ein profundes Verständnis für die Anlagentechnik und deren Platzbedarf sowie die Umsetzung der Anlagentechnik im Gebäude mitbringen. Eine umfassende und qualifizierte Beratung, die sowohl bauliche als auch technische und finanzielle Aspekte der Sanierung berücksichtigt, ist essenziell, um Ihr Projekt erfolgreich zu realisieren.

Insgesamt ist eine Gebäudesanierung ein komplexes Vorhaben, das sowohl technisches, finanzielles als auch planerisches Geschick erfordert. Mit der richtigen Vorbereitung, Expertise und einem soliden Finanzierungsplan können Sie jedoch sicherstellen, dass Ihr Projekt nicht nur Ihren aktuellen, sondern auch zukünftigen Anforderungen gerecht wird. So investieren Sie nicht nur in Ihre unmittelbare Lebensqualität, sondern schaffen auch einen nachhaltigen Wert für die Zukunft.

Roadmap: ein Phasenmodell zur Sanierung

Die sorgfältige Entwicklung einer »Roadmap« für die Sanierung erweist sich oftmals als Gold wert. Diese strukturierte Planung hilft, jede Phase des Projekts im Blick zu behalten, und sichert eine systematische Umsetzung.

- *Planungsphase*: Hier werden Ziele definiert, Budgets festgelegt und erste Konzepte und Pläne entwickelt und im Anschluss daran eventuell Angebote eingeholt.

- *Umsetzungsphase*: Diese Phase beinhaltet die Ausführung der geplanten Maßnahmen durch Handwerker, Techniker und weitere beteiligte Berufsgruppen.

- *Kontroll- und Abschlussphase*: Hier wird die Umsetzung überwacht und parallel sowie abschließend geprüft, ob alle Arbeiten gemäß den vorgegebenen Standards und Zielsetzungen umgesetzt wurden.

Jeder dieser Schritte ist von zentraler Bedeutung, um eine erfolgreiche Sanierung sicherzustellen, die den individuellen Wünschen und Anforderungen entspricht und gleichzeitig einen Beitrag zur Energieeffizienz und Wertsteigerung des Gebäudes leistet.

3.3 Ein neues Haus bauen

Beim Hausneubau gibt es im Wesentlichen drei beliebte Herangehensweisen, je nachdem, wie viel Individualität, Eigenleistung und Baurisiko man in Kauf nehmen möchte.

Die einfachste Variante ist der Kauf eines bereits fertiggestellten Hauses. Hier muss man sich um den eigentlichen Bau nicht mehr kümmern, sondern zieht nach dem Kaufvertrag und nach den notwendigen Vorbereitungen einfach ein. Dies erspart Zeit, mögliche Baustresssituationen und birgt kaum Überraschungen in Bezug auf die Kosten. Wie bereits an anderer Stelle in diesem Buch erwähnt, gibt eine Kanalbefahrung mit digitaler Videoaufzeichnung bei einem Immobilienkauf zusätzliche Sicherheit bezüglich der Entwässerungsleitungen.

Generell gilt für die Kalkulation beim Kauf einer Bestandsimmobilie, den Kaufpreis plus mögliche Sanierungsschritte zu berücksichtigen.

Die zweite Methode ist der Kauf eines Fertighauses. Hier sucht man sich beim Anbieter eine Muster-Komplettlösung aus, die dann auf dem eigenen Grundstück errichtet wird. Der große Vorteil von Fertighäusern liegt in ihrer hohen Kostensicherheit und der schnellen Umsetzungszeit. Diese Häuser sind in der Regel energetisch optimiert und verfügen über eine durchdachte Raumaufteilung. Da sie schon oft gebaut wurden, sind eventuelle Kinderkrankheiten bekannt und ausgemerzt. Das bedeutet zwar, dass sie nicht hochgradig individuell sind, aber dafür profitiert man von einer optimalen Planung. Ein weiterer Pluspunkt ist, dass die Kalkulation der Kosten sehr transparent und nachvollziehbar ist, da die Modelle bereits mehrfach realisiert wurden.

Die dritte und individuellste Option ist der Bau eines Hauses nach eigenen Vorstellungen, das von einem Architekten geplant wird. Während dies den höchsten Grad an Personalisierung ermöglicht, bringt es auch den größten Kostenunsicherheitsfaktor mit sich. Wie lange dauert die Planung? Wie teuer wird sie? Um hier die Kosten besser einschätzen zu können, ist es ratsam, mindestens drei Angebote einzuholen und dabei die Tendenz zur Mitte zu wählen. Aber Vorsicht: Das Baurisiko ist bei dieser Methode am höchsten. Kostenerhöhungen können unvorhergesehene Herausforderungen darstellen, besonders wenn man »auf der grünen Wiese«, also auf einem völlig unbebauten Grundstück, mit einem Architekten von Grund auf neu baut.

Die Wahl der Methode ist stark von den eigenen Prioritäten abhängig. Möchte man Individualität und ist bereit, ein höheres Baurisiko einzugehen, oder legt man Wert auf Schnelligkeit, Kostensicherheit und ein bewährtes Konzept? Es ist eine Entscheidung, die gut überlegt sein sollte.

Energieoptimierung obligatorisch

Bei einem Hausneubau ist eine Energieoptimierung durch effiziente Dämmung mittlerweile obligatorisch. Aber nicht nur in Bezug auf die Dämmung, sondern auch bei der Wahl der Anlagentechnik und Energieversorgung bietet ein Neubau vielfältige Optionen. Wie die Energieversorgung eines Neubaus aussieht, hängt maßgeblich davon ab, wo das Haus errichtet wird. Befindet sich das Neubauprojekt in einem Wohngebiet mit bestehender Fernwärmeversorgung, wie einem Warm- oder Kältenetz? Diese Faktoren beeinflussen maßgeblich die Wahl der Anlagentechnologie.

Flächenheizungssysteme wie Wand- oder Fußbodenheizungen sind empfehlenswert, denn sie ermöglichen eine hohe Flexibilität in der Energiequelle. Sie sind kompatibel mit erneuerbaren Energien, sei es durch ein

Kältenetz mit einer Wasser-Wasser-Wärmepumpe, thermische Solaranlagen oder elektrische Solarsysteme. Das optimale Funktionieren solcher Systeme setzt niedrige Vorlauftemperaturen und ausgedehnte Heizflächen voraus.

Die Wärmeversorgung eines Hauses gliedert sich in drei Hauptbereiche: Wärmeerzeugung, Wärmeverteilung und Wärmeübergabe.

1. *Wärmeerzeugung:* Hierunter fallen klassische Wärmeerzeuger wie Fernwärmeübergabestationen an ein Nah- oder Fernwärmenetz oder moderne Lösungen wie das Kältenetz mit einer Wasser-Wasser-Wärmepumpe. Auch kombinierte Systeme, bei denen eine Wärmepumpe mit einer Photovoltaikanlage zusammenarbeitet, oder traditionelle Gasheizungen, die durch eine Wärmepumpe unterstützt werden, sind gängige Varianten.

2. *Wärmeverteilung:* Dies bezeichnet den Weg, also die Rohrleitungen, den die Wärme vom Erzeuger in die einzelnen Räume nimmt. Die Frage nach dem optimalen Rohrmaterial, ob Kupfer- oder Kunststoffverbundrohr, spielt hier eine zentrale Rolle.

3. Wärmeübergabe: Hier geht es um das eigentliche Heizsystem im Raum wie Fußboden-, Wand- oder Deckenheizungen.

Ein besonderer Vorteil von Flächenheizsystemen ist die gerichtete Wärmestrahlung – die sogenannte Strahlungswärme. Während traditionelle Heizkörper die Wärme primär durch Luftbewegung in den Raum bringen, erzeugt eine Strahlungsheizung gerichtete Wärmestrahlung.

Weitere Technik im Neubau

Der Neubau eines Hauses birgt immer auch die Chance, zukunftssichere Technologien und Komfortmerkmale von Anfang an zu integrieren. Ein Aspekt, der in unserer digitalen Welt besonders relevant geworden ist, ist die durchgängige WLAN-Abdeckung in allen Räumlichkeiten. Diese bringt den entscheidenden Vorteil mit sich, dass auf eine umfassende Netzwerkverkabelung im gesamten Objekt verzichtet werden kann. Eine solide Standard-Elektroinstallation, kombiniert mit einer drahtgebundenen EDV-Verkabelung, führt zu einer lückenlosen WLAN-Abdeckung und sorgt für eine optimale Basisausstattung. Für Menschen, die Probleme mit Elektrosmog oder Funknetzen haben, bieten sich derzeit moderne WLAN-Verteilerpunkte an, sogenannte WLAN-Access-Points, die in ihrer Funkleistung variabel sind, oder am Ende nur der Verzicht auf ein hauseigenes Funknetz.

Die Anzahl der notwendigen WLAN-Verteilerpunkte, sprich: der WLAN-Access-Points, hängt maßgeblich von der Bauweise des Gebäudes ab. Hier spielen Materialien und Konstruktionsmethoden wie Holzbau, Leichtbau oder Stahlbetondecken eine entscheidende Rolle, denn sie beeinflussen die Reichweite des Signals erheblich. So könnte etwa ein Access-Point pro Etage ausreichen oder je nach Beschaffenheit und Größe der Räumlichkeiten sogar mehrere notwendig sein, um überall starkes und stabiles Internet zu gewährleisten. Hier ist insbesondere der Nutzer gefragt, welcher Datendurchsatz an einem Endgerät, Smartphone, Tablet, TV (bei IPTV), Telefonie – Voip (Voice-over-IP) benötigt wird. Je höher der gewünschte Datendurchsatz am Endgerät, desto mehr WLAN-Access-Points werden gebraucht.

Im weiteren Verlauf der Planung lohnt es sich, auch über die intelligente Vernetzung und Steuerung der Hausbeleuchtung nachzudenken. Hier bieten sich innovative Lösungen an wie beispielsweise aufklebbare Schalter und intelligente Lampen, die lediglich eine Dauerspannung benötigen. Sämtliche Funktionen wie An- und Ausschalten oder Dimmung können komfortabel und individuell über eine App eingestellt werden. Als zusätzliche Lösung (»Add-on«) ist es möglich, eine Basisfunktionalität, also das einfache Ein- und Ausschalten, immer zu gewährleisten.

Darüber hinaus lohnt sich der Blick auf den Heizungsbereich. Hier kann intelligente Sensorik auf den Heizkörpern – im Kontext eines Smart Home-Systems – dazu beitragen, die Wärme im Haus effizient und bedarfsgerecht zu regulieren. Das bietet nicht nur ein Plus an Wohnkomfort, sondern hilft auch, die Energiekosten nachhaltig zu senken.

Insgesamt bietet der Neubau eines Hauses also nicht nur die Möglichkeit, seine eigenen vier Wände nach ästhetischen Gesichtspunkten zu gestalten, sondern auch, sie technologisch klug und zukunftsorientiert auszurichten. So wird das neue Heim nicht nur ein Ort des Wohlfühlens, sondern auch ein smartes Zuhause, das den Alltag in vielerlei Hinsicht erleichtert und bereichert.

3.4 Altersgerechtes Wohnen

Altersgerechtes Wohnen hat sich in den letzten Jahren zu einem zentralen Fokus sowohl in der Baubranche als auch im sozialen Sektor entwickelt. Denn: Wir werden immer älter.

Zukunftsorientierte Planung bei der Sanierung

Wenn die Entscheidung für eine Sanierung ansteht, ist es nicht nur sinnvoll, energetische Maßnahmen zur Verbesserung der Umweltbilanz des Gebäudes umzusetzen, sondern auch darüber nachzudenken, wie man im Alter in den eigenen vier Wänden leben möchte. Dazu zählt unter anderem eine Überlegung bezüglich der Raumzuschnitte. Klassischerweise befinden sich Küche, Wohn- und Essbereich sowie ein Gäste-WC im Erdgeschoss, während der Schlafbereich sich im Obergeschoss befindet. Doch um die Wohnsituation im Alter angenehmer zu gestalten, könnte darüber nachgedacht werden, alle wesentlichen Wohnbereiche auf einer Ebene zu integrieren. Das bedeutet eine Reduzierung von Bewegung zwischen verschiedenen Etagen und damit eine Minderung der Sturzgefahr und erleichtert den Alltag.

Barrierefreies Wohnen als Ziel

Der Begriff des »barrierefreien Wohnens« spielt eine wesentliche Rolle beim altersgerechten Wohnen. Beispielsweise sollten im Bad Möglichkeiten geschaffen werden, die den alltäglichen Vorgängen im Alter Rechnung tragen. Oftmals ist eine bodengleiche, großzügige Dusche sinnvoller und sicherer als eine Badewanne. Die gesamte Wohnung sollte so konzipiert sein, dass sie barrierefrei und ohne Hürden zu bewältigen ist – einschließlich des Zugangs zum Gebäude und möglicher Zugänge zum Garten.

Technologische Unterstützung im Alltag

Dank des fortschreitenden technologischen Fortschritts kann das Eigenheim mit zahlreichen Hilfsmitteln ausgestattet werden, die das selbstbestimmte Altern im Eigenheim unterstützen. Automatische Lichtsysteme, die auf Bewegung reagieren, Kameraüberwachung und Beleuchtung, die bei Abwesenheit Anwesenheit simuliert, tragen zu Sicherheit und Komfort bei. Zutrittskontrollen und elektronische Schlösser erleichtern den Alltag und bieten zusätzlichen Schutz. Systeme zur Lageerkennung, beispielsweise bei einem Sturz, sowie eine integrierte Notruftaste bieten zusätzliche Sicherheit.

Digitalisierung als Begleiter

Die Digitalisierung ermöglicht es, viele Aspekte des Lebens komfortabel von zuhause aus zu regeln. Sei es die Bestellung von Lebensmitteln, die Kommunikation mit Angehörigen oder auch digitale Arztbesuche – ein altersgerecht ausgestattetes Zuhause schafft die Möglichkeit, auch im hohen Alter noch selbstbestimmt und unabhängig zu leben.

Es ist ebenfalls ratsam, bereits bei der Sanierung mögliche zukünftige Pflegesituationen zu berücksichtigen. Ein Einliegerapartment oder eine zusätzliche kleine Wohnung im Gebäude kann beispielsweise später von einer Pflegekraft bewohnt werden. Dies ermöglicht im Bedarfsfall eine 24-Stunden-Betreuung, ohne die Privatsphäre zu sehr zu beeinträchtigen.

Die Kunst der Vorbereitung auf das Wohnen im Alter liegt in einer weitsichtigen, vorausschauenden Herangehensweise. Dabei sollte die Balance zwischen einem autonomen, komfortablen Wohnen und dem notwendigen Sicherheits- und Assistenzbedarf gefunden werden. Eine durchdachte Kombination aus baulichen Anpassungen, technologischer Unterstützung und digitalen Möglichkeiten kann ein Umfeld schaffen, das es erlaubt, den Lebensabend so lange wie möglich in den eigenen vier Wänden zu verbringen.

3.5 Balkonkraftwerke: der einfachste Einstieg in die Energiewende

Ein Balkonkraftwerk, auch bekannt als Balkonsolaranlage oder Mini-Solaranlage, ist eine kompakte, meist steckerfertige Photovoltaik-Anlage mit einer derzeitigen Wechselrichterausgangsleistung von bis zu 600

Watt und wahrscheinlich zum Zeitpunkt der Veröffentlichung dieses Buches ab 01.01.2024 eine Leistungsgrenze von bis zu 800 Watt, die anmelde- und gebührenfrei mit etwas technischen Geschick selbst installiert und in Betrieb genommen werden kann. Deutschland stellt derzeit mit seiner 600 Watt-Grenze in der EU eine Ausnahme dar. In Österreich beispielsweise sind Balkonkraftwerke bis 800 Watt Wechselrichterausgangsleistung schon länger erlaubt.

Balkonkraftwerke sind besonders für den Einsatz in städtischen Umgebungen, Mehrfamilienhäusern oder auf begrenztem Raum konzipiert. Diese kleinen Solaranlagen können einfach auf einem Balkon, einer Terrasse oder sogar an einem Fenster angebracht werden und ermöglichen es auch Mietern ohne eigenen Dachzugang, sauberen Solarstrom zu erzeugen.

Praxistipp: Idealerweise werden die Photovoltaikmodule unter Berücksichtigung der technischen Eckdaten des Mikrowechselrichters ein wenig größer als die Ausgangsleistung des Wechselrichters gewählt; so haben Umwelteinflüsse wie Luftverschmutzung und bewölktes Wetter oder von Süd abweichende Ausrichtung weniger Einfluss auf den Solarertrag.

Ein kleiner technischer Exkurs zwischendurch: Die Norm VDE-AR-N 4105 ist eine technische Regel, die vom Verband der Elektrotechnik, Elektronik und Informationstechnik (VDE) in Zusammenarbeit mit den Netzbetreibern entwickelt wurde. Sie legt die Anforderungen fest, die dezentrale Erzeugungsanlagen wie Photovoltaikanlagen erfüllen müssen. Nur dann können sie sicher und störungsfrei ans Stromnetz angeschlossen werden. Die VDE-AR-N 4105 zielt darauf ab, die Sicherheit und die Netzstabilität zu gewährleisten und legt die technischen Mindestanforderungen fest, die erfüllt sein müssen, damit die Stromerzeugung aus dezentralen Quellen in das öffentliche Stromnetz eingespeist werden kann. Die Einhaltung dieser Norm stellt sicher, dass die Erzeugungsanlagen korrekt mit dem Stromnetz synchronisiert sind. Im Falle von Netzstörungen besteht dann keine Gefahr für die Netzinfrastruktur oder die Sicherheit von Personen.

Balkonkraftwerke bestehen aus einem oder mehreren kleinen Solarmodulen, einem Wechselrichter und dem nötigen Installationszubehör. Der erzeugte Strom kann direkt im Haushalt genutzt werden, was dazu beiträgt, den Bedarf an einzukaufenden Netzstrom zu reduzieren und so Energiekosten zu sparen. Nicht eigengenutzter Strom wird ohne Vergütung ins allgemeine Stromnetz eingespeist.

Balkonkraftwerke stellen einen einfachen Einstieg in die Welt der Photovoltaik dar und ermöglichen ohne bürokratische Hürden eine eigne dezentrale Energieproduktion, die den individuellen Energieverbrauch »vergrünt« und zu einer breiteren Akzeptanz und Verbreitung erneuerbarer Energien beiträgt.

Eigene Berechnung des Deckungsanteils Ihres Balkonkraftwerks am Gesamtstrombedarf

Wie groß ist der Anteil meines Balkonkraftwerkes an meinem Gesamtstrombedarf? Einfache Möglichkeiten zur Überprüfung!

Jede Wohneinheit verfügt über einen Energiezähler zur Erfassung des Stromverbrauchs, der entweder eine moderne digitale Erfassungseinheit oder ein älteres Analogmodell – bekannt als Ferraris-Zähler mit Ferraris-Scheibe – sein kann. Beide Zählertypen zeigen den Verbrauch elektrischer Energie in Kilowattstunden an.

Wenn Sie Ihren persönlichen Grundlastbedarf an elektrischer Energie für Ihre Wohneinheit ungefähr ermitteln möchten, gehen Sie wie folgt vor: Notieren Sie zunächst den angezeigten Energieverbrauch (1. Messwert in [kWh]) sowie die Uhrzeit, am besten abends kurz vor dem Schlafengehen, nachdem alle Verbraucher des aktiven Tagesverbrauchs ausgeschaltet wurden. Am darauffolgenden Morgen, gleich nach dem Aufstehen, lesen Sie auf dem Energiezähler wiederum den 2. Messwert [kWh] und die 2. Uhrzeit ab.

Mit dieser Methode können Sie überschlägig den nächtlichen Grundlastbedarf Ihrer Wohneinheit ermitteln und eine Basis schaffen, um den Deckungsanteil Ihres Balkonkraftwerks am Gesamtstrombedarf zu berechnen.

> **Formel zur überschlägigen Berechnung des mittleren Leistungsbedarfs:**
>
> *Mittlere Leistung:*
>
> $Leistung_{Mittel}(kW) = Messwert1_{morgens}(kWh)$ minus $Messwert2_{abends}(kWh)$ geteilt durch Anzahl der Nachtstunden

Zur Erhöhung der Genauigkeit können Sie diesen Vorgang über mehrere Tage hinweg wiederholen und anschließend den Mittelwert der ermittelten mittleren Leistungen bilden.

> **Formel zur Berechnung des Mittelwerts über mehrere Tage, Beispiel 3 Tage:**
>
> $Leistung_{Mittel\_3Tage}(kW) = [Leistung1_{Mittel\_Tag1}(kW) + Leistung2_{Mittel\_Tag2}(kW) + Leistung1_{Mittel\_Tag3}(kW)]$ geteilt durch 3 Tage

Durch den Vergleich der berechneten gemittelten $Leistung_{Mittel}(kW)$ mit der Ausgangsleistung Ihres Balkonkraftwerkes, maximal 600 Watt bzw. 800 Watt, Ausgangsleistung am Mikrowechselrichter, kann der Deckungsgrad bei optimaler Ausrichtung der Photovoltaikmodule (Süd und 45 Grad Neigung) und adäquater Systemauslegung abgelesen werden.

Sollte die ermittelte mittlere Leistung kleiner oder gleich 0,6 Kilowatt (entspricht 600 Watt) sein, so übernimmt das Balkonkraftwerk bei einer Sonnenstunde nahezu die gesamte Grundlast an elektrischer Energie in Ihrem Haushalt.

In Deutschland beträgt die durchschnittliche Anzahl an Sonnenstunden derzeit etwa 1.640 Stunden pro Jahr.

Um die mit einem Balkonkraftwerk erzielte Energieeinsparung in Euro überschlägig zu berechnen, benötigen Sie Ihren individuellen Energiepreis von der Stromabrechnung, angegeben in € pro Kilowattstunde.

Berechnung der Kosteneinsparung:

Check, ob berechnetes $\text{Leistungs}_{\text{Mittel}}(kW)$ kleiner als 600 Watt, dann $\text{Leistungs}_{\text{Mittel}}(kW)$ für die Berechnung ansetzen, ansonsten die maximale Wechselrichterleistung von 600 Watt.

$$\text{Leistung}_{\text{Balkonkraftwerk}}(kW) \times \text{Sonnenstunden}_{\text{Deutschland}}(h) = \text{Energie}_{\text{pro Jahr}}(kWh/a)$$

$$\text{Energie}_{\text{pro Jahr}}(kWh/a) \times \text{Strompreis}(€/kWh) = \text{Einsparung Energie}_{\text{pro Jahr}}(€/a)$$

Beispiel:

$$0{,}6 \text{ kW} \times 1.640 \text{ h} = 984 \text{ kWh/a}$$

$$984 \text{ kWh/a} \times 0{,}40 \,\text{€/kWh} = 394 \,\text{€/a}$$

Selbst wenn man grob von einem Abschlag von 20 Prozent wegen nicht optimaler Einstrahlung, Verschmutzung etc. ausgeht, würde man immer noch einen Betrag von circa 315,00 € pro Jahr erzielen. Bei einer Investition von etwa 400,00–800,00 € wäre das Minikraftwerk nach drei bis vier Jahren amortisiert.

Praxistipp für intelligente Stromzähler

Wenn Sie bereits einen modernen, intelligenten Stromzähler besitzen, können Sie normalerweise bei Ihrem Energieversorger einen Freischaltcode beantragen. Mit diesem Code können Sie zusätzliche Funktionen Ihres Stromzählers aktivieren. Die einfachste Art und Weise, dies zu tun, ist über Ihr Smartphone mittels einer entsprechenden App, die Sie im App-Store Ihres Anbieters herunterladen können.

Dadurch wird es auch möglich, den tatsächlichen Leistungsbedarf, den Bezug sowie die Netzwerkeinspeisung direkt und verständlich abzulesen. Eine regelmäßige Ablesung, beispielsweise stündlich über einen bestimmten Zeitraum hinweg, ermöglicht es, einen aussagekräftigen Durchschnittswert zu ermitteln. Für technisch Versierte bietet sich zudem die Möglichkeit der digitalen Erfassung: Ein Beispiel hierfür ist der Volkszähler (https://volkszaehler.org), ein kleiner Adapter mit optischer Sensorik, der ins WLAN eingebunden wird. Er stellt die erfassten Informationen für beliebige Anwendungen im Haus oder in der Wohnung bereit, die dann entsprechend ausgewertet werden können.

Praxistipp Solarertrag

Ihren theoretischen Solarertrag beim Aufstellen eines Balkonkraftwerkes können Sie sehr leicht überschlägig und hinreichend genau auf der Internetseite des Solarsurfers ermitteln. Dort geben Sie einfach Ihren Standort, die gesamte Leistung ihrer Fotovoltaik-Anlage und den Aufstellwinkel ein und erhalten auf Knopfdruck in Sekundenschnelle ohne aufwändiges Login oder Anmeldung den Gesamtjahresenergiebetrag auch über den Jahresverlauf, in Monate aufgeteilt, dargestellt: https://www.solarserver.de/pv-anlage-online-berechnen/

4. Das Handwerk: unverzichtbare Experten in der Energieberatung

Das Fachhandwerk hat in Deutschland eine lange Tradition und genießt einen exzellenten Ruf. Ob in Elektro-, Heizungs-, Lüftungs- und Sanitärtechnik, im Bauwesen oder bei der Energieeffizienz – die Expertise der Handwerker ist gefragt. Allerdings machen mich viele Handwerker in Gesprächen und auf Schulungen immer wieder auf ein brennendes Problem aufmerksam: Die Verfügbarkeit qualifizierter Energieberater, vor allem für Einfamilienhäuser, ist derzeit stark eingeschränkt.

Dabei schreibt der Gesetzgeber eine kompetente Energieberatung für Hausbesitzer zwingend vor, um Fördermittel abzurufen und die Weichen für eine zukunftsfähige und umweltfreundliche Energieversorgung zu stellen. Doch wenn diese Energieberater nicht verfügbar sind, wie kann dann die Energiewende gelingen? Ein Mangel an Fachkompetenz und ausreichend qualifizierten Fachkräften kann der Umsetzung der Energiewende dicke Steine in den Weg legen.

Doch es gibt Licht am Horizont: Handwerker und Ingenieurbüros könnten eine Lösung für dieses Dilemma bieten. Wenn das 4-Augen-Prinzip eingehalten wird, könnten Handwerker die Ausführung übernehmen, während anstelle der Energieberater auch Ingenieure mit Berufserfahrung für die Rechnungs- und Qualitätsprüfung und den Abruf von Fördermittel befähigt werden.

Das Handwerk stünde bereit, eine zentrale Rolle bei der Energiewende, insbesondere in der Beratung und als Projektbegleitung, zu übernehmen. Handwerker verfügen häufig über einen wesentlich tieferen Einblick beispielsweise in hydraulische Zusammenhänge, besonders wenn es um Bestandsanlagen geht, als möglicherweise Energieberater aus artfremden Gewerken. Vor allem die Sanierung im Bestand erfordert viel Knowhow und Sachverstand, auch um eine erste Beurteilung vornehmen zu können.

Allerdings gibt es bei diesem Vorgehen auch Hürden: Ingenieure beispielsweise dürfen solche Aufgaben nur übernehmen, wenn sie über die notwendigen Zertifizierungsstunden und DENA-Fortbildungspunkte verfügen. Der Gesetzgeber hat derzeit strenge Richtlinien und Standards für die Qualifikation von Energieberatern, die zum Abruf von Fördermitteln befähigt sind, festgelegt. Aber muss dieser formelle Nachweis wirklich der einzige Weg sein?

Ein alternativer Ansatz könnte darin bestehen, den Qualifikationsnachweis über bereits erfolgreich abgewickelte Projekte zu führen. So könnten Handwerker und Ingenieure Referenzen abgeschlossener Projekte als Beleg für ihre Kompetenz nutzen. Diese könnten beispielsweise über den Umsatz, die Projektgröße oder die Anlagenleistung (bei Wärmeerzeugern) gemessen werden, um eine gewisse Objektivität zu gewährleisten. Dieser pragmatische Ansatz würde es ermöglichen, mehr Fachkräfte in das Feld der Energieberatung zu integrieren und so die dringend benötigte Expertise bereitzustellen.

Langfristige Stabilität der Richtlinien für Industrie, Handwerk und Planer

Es ist von entscheidender Bedeutung, dass Industrie, Handwerk und Planer sich auf langfristig stabile Vorgaben der politischen Entscheidungsträger verlassen können. Eine solche Beständigkeit ermöglicht es ihnen, zukunftssichere Investitionen zu tätigen, Innovationen voranzutreiben und die Effizienz ihrer Prozesse zu verbessern.

Ein konkretes Beispiel für die mangelnde Kontinuität in den Vorgaben ist die Förderpolitik für Biomasse. Noch vor wenigen Jahren wurde die Nutzung von Biomasse als nachhaltige Energiequelle stark gefördert. Doch in jüngster Zeit wurde diese Unterstützung aufgrund von Bedenken hinsichtlich der Feinstaubbelastung zurückgefahren. Solch abrupte Änderungen führen zu Unsicherheiten und können Investitionen, die auf vorherigen Richtlinien basierten, entwerten.

Wer also in die Sanierung investiert oder größere Projekte plant, sollte solche Entwicklungen im Hinterkopf behalten. Es ist ratsam, sich über die aktuellen Trends und politischen Entwicklungen auf dem Laufenden zu halten und bei Entscheidungsprozessen zu berücksichtigen. Zudem könnte es sinnvoll sein, flexiblere Sanierungskonzepte zu entwickeln, die an verschiedene Szenarien angepasst werden können, um so besser auf mögliche Änderungen in der Regulierung reagieren zu können.

Knowhow und Personalstärkung: ein strategischer Tipp an Handwerker im Energiesektor

In der sich schnell wandelnden Landschaft der Energiebranche, in der umweltfreundliche Technologien immer mehr an Bedeutung gewinnen, stehen Handwerksbetriebe vor der Herausforderung, sich stetig weiterzuentwickeln. Insbesondere für Handwerker, die traditionell im Bereich von Gas- oder Ölheizungssystemen (Heizung Lüftung Sanitär – HLS) tätig sind, bedeutet dies, ihre Kompetenzen auf neue Technologien wie die Kombination/Kopplung einer Heizungsanlage mit Photovoltaik auszuweiten. Obwohl diese Bereiche oft den Schwerpunkt von Elektrofirmen bilden, liegt hier ein erhebliches Potenzial zur Erweiterung und/oder zu Kooperationen des Dienstleistungsspektrums für Elektro- und HLS-Betriebe. In einer Symbiose – wie etwa im mono- oder bivalenten Betrieb einer Wärmepumpe, wo der Elektroanschluss, der Zählerschrank und die Hausverteilung teilweise umgebaut werden müssen, könnten beide Unternehmen von dem erweiterten Angebotsportfolio profitieren und ihre Kunden umfassender bedienen.

Größere Firmen hingegen sollten in Erwägung ziehen, zusätzliches Fachpersonal einzustellen, um die notwendigen Kompetenzen zu entwickeln und die gesamte Wertschöpfung im eigenen Betrieb zu behalten. Dies ermöglicht nicht nur die Erweiterung des Dienstleistungsangebots, sondern stärkt auch die Positionierung des Unternehmens als ganzheitlichen Lösungsanbieter im Bereich der Energiesysteme, der sich durch schnelle Umsetzungszeiten und geringe Abhängigkeiten auszeichnet.

Auch die Fortbildung spielt eine Rolle in der Energiewende. Zugegebenermaßen kann es schwierig sein, die Balance zwischen der Bewältigung gestiegener Auftragsvolumen, Mangel an Arbeitskräften und der Teilnahme an Fortbildungen zu finden. Doch das Vernachlässigen von Weiterbildungen ist keine Option. Künstliche Intelligenz (engl. AI = Artifical Ingtelligence), ChatGPT und andere schnelle Entwicklungen werden das Arbeitsfeld der Zukunft auch in diesem Bereich maßgeblich und nachhaltig beeinflussen. Sollte das aktuelle Wissen nicht kontinuierlich aufgefrischt und erweitert werden (Stichwort: Lifelong Learning), öffnet sich schleichend eine Knowhow-Lücke. Dies kann besonders dann fatal sein, wenn neue Technologien oder gesetzliche Anforderungen in Kraft treten, oder schlimmstenfalls, wenn etwas gebaut wird, das nicht mehr den aktuellen Standards entspricht und daher nicht abgenommen werden kann.

Es ist also ratsam, eine strategische Planung zur Personal- und Kompetenzentwicklung im Unternehmen zu etablieren. Hierbei sollten regelmäßige Schulungen und die kontinuierliche Anpassung an technologische und regulative Entwicklungen fest verankert sein. Ebenso könnte das Einsetzen eines Wissensmanagement-Systems, das es ermöglicht, erworbenes Knowhow innerhalb des Unternehmens effizient zu teilen, eine überlegenswerte Strategie sein.

Eine Stärkung des Handwerks durch gezielte gesetzgeberische Maßnahmen

Das Handwerk bildet das Rückgrat vieler ökonomischer Sektoren und ist insbesondere in Zeiten des Wandels hin zu nachhaltigeren Energielösungen von zentraler Bedeutung. Doch um dieses Potenzial voll auszuschöpfen und um den Herausforderungen des Fachkräftemangels zu begegnen, bedarf es einer gezielten Stärkung des Handwerks durch den Gesetzgeber. Ein relevanter

Bereich ist dabei die Positionierung und Akzeptanz von Handwerkern im Kontext von Energieberatungen und ähnlichen Dienstleistungen.

In der bestehenden Form erfordern die meisten Förderprogramme die Beteiligung eines Energieberaters — eine Rolle, die oft nicht kurzfristig oder in ausreichender Zahl verfügbar ist. Hierbei steht besonders eine Frage im Raum: Warum können Handwerksmeister mit 30 Jahren Berufserfahrung nicht auch diese Funktion übernehmen? Die praktische und theoretische Expertise, die in jahrzehntelanger Tätigkeit erworben wurde, sollte nicht unterschätzt werden und könnte einen erheblichen Mehrwert für die Energieberatung und -planung bieten.

Eine Intensivierung der Unterstützung des Handwerks vonseiten des Gesetzgebers könnte sich in mehrerer Hinsicht positiv auswirken: Zum einen könnte es dazu beitragen, das Handwerk für junge Menschen attraktiver zu gestalten und so dem Fachkräftemangel entgegenzuwirken. Zum anderen könnte durch die erhöhte Anerkennung und Kompetenzerweiterung im Bereich der Energieberatung und ähnlichen Feldern eine effektivere und praxisnähere Umsetzung von Projekten gefördert werden.

Junge Menschen orientieren sich häufig an der Attraktivität und den Perspektiven eines Berufsfelds. Das Handwerk krankt teilweise an einem Image, das von physischer Härte, geringerem Ansehen und begrenzten

Karrierepfaden geprägt ist. Durch die Erweiterung der Kompetenzen, die Digitalisierung von Prozessen, den Abbau bürokratischer Hürden und eine größere Anerkennung der Fähigkeiten erfahrener Handwerker könnte das Handwerk wieder an Ansehen gewinnen und als attraktiver Karriereweg wahrgenommen werden. Gesteigerte Kompetenzen, vorzugsweise von interdisziplinärer Blickrichtung geprägt, lassen nicht nur Prozesse effizienter, zielgerichteter, sondern auch schneller und nachhaltiger für den Kunden umsetzen, was letztendlich zu den dringend erforderlichen höheren Löhnen im Handwerk führt.

Es bedarf einer klaren Vision und nachhaltiger Strategien, um das Handwerk wirksam zu stärken und die energiepolitischen Ziele Deutschlands zu erreichen. Das beinhaltet die Würdigung und Nutzung des tiefgreifenden Wissens erfahrener Handwerker ebenso wie die Schaffung eines anregenden Umfelds für den Nachwuchs. In dieser Symbiose aus Erfahrung und Innovation könnte das Handwerk eine Schlüsselrolle in der Energiewende spielen und die Weichen für eine nachhaltige Zukunft stellen.

5. Kommunen und ihre Herausforderungen bei der Energiewende

Kommunen spielen eine zentrale Rolle bei der Umsetzung der Energiewende. Zunächst können sie durch die Planung und Genehmigung von erneuerbaren Energieprojekten wie Windparks, Solarfeldern oder Biomasseanlagen, direkt zur Erzeugung grüner Energie beitragen. Weiterhin können Kommunen durch die Sanierung öffentlicher Gebäude, den Einsatz von Energieeffizienzmaßnahmen und den Umstieg auf nachhaltige Verkehrsmittel ihren eigenen CO_2-Fußabdruck reduzieren. Sie können zudem Anreize für Privatpersonen und Unternehmen schaffen, um energetische Modernisierungen vorzunehmen oder erneuerbare Energiesysteme zu installieren. Darüber hinaus können Bildungs- und Aufklärungskampagnen dabei helfen, das Bewusstsein und das Engagement der Bürger für die Energiewende zu stärken. Durch die Beteiligung der Bevölkerung an Planungsprozessen können Kommunen zudem Akzeptanz für neue Energieprojekte schaffen und auf lokaler Ebene eine nachhaltige und zukunftsorientierte Energiepolitik gestalten.

Herausforderungen

Die Überwindung von Knowhow-Defiziten und Perso-
nalengpässen stellt eins der zentralen Hindernisse dar,
um die kommunalen Verwaltungseinheiten adäquat und
nachhaltig fit für die Energiewende zu machen.

Verwaltungstechnisch gliedert sich eine Kommune in
eine Vielzahl von Ämtern und Abteilungen, die vernetzt
die Funktionalität und Organisationsstruktur sichern. Dies
sind unter anderem das Bauamt, das für die Entwicklung, Umsetzung und Überwachung von Bauprojekten
verantwortlich ist, und das Umweltamt, das Maßnahmen zum Umwelt- und Klimaschutz in der Kommune
koordiniert, die in Bezug auf die Energiewende eine
Schlüsselrolle einnehmen. Diese Struktur erfordert in
Anbetracht der Energiewende ein umfangreiches, inte-
griertes Konzept, das von fachlich versierten Personen
mit spezialisiertem Knowhow gesteuert werden muss.

Doch Kommunen sehen sich oft mit einem Mangel
an qualifiziertem Personal konfrontiert, das die Fähigkeiten und das Wissen besitzt, diese Transition effektiv
zu managen. Insbesondere kleinere Kommunen können
oftmals nicht auf eine ausreichend große oder spezialisierte Personaldecke zurückgreifen, um die komplexen
Anforderungen der Energiewende zu adressieren und
umzusetzen.

Wie können diese Herausforderungen gemeistert werden?

Um den Knowhow-Mangel an Fachkräften zu meistern, können Kommunen verschiedene Strategien verfolgen.

Ausbildung und Weiterbildung

Kommunen können in lokale Bildungsprogramme investieren, die auf die Energiewende ausgerichtet sind. Partnerschaften mit Universitäten, Fachhochschulen und technischen Schulen können dazu beitragen, indem sie Studiengänge und Ausbildungsprogramme entwickeln und anbieten, die speziell auf die Bedürfnisse der Energiewende zugeschnitten sind. Zusätzlich können Fortbildungsmaßnahmen für bereits im Amt befindliche Mitarbeiter angeboten werden, um das vorhandene Personal auf den neuesten Stand der Technik und Gesetzgebung zu bringen. Fehlendes Knowhow kann bei attraktiven Konditionen durch externes Lehrpersonal hervorragend ausgeglichen werden.

Anwerbung und Integration

Um den Pool an Fachkräften zu erweitern, könnten Kommunen gezielt Fachkräfte auch überregional oder international anwerben. Dabei könnten sie integrative

Unterstützungsangebote schaffen wie Hilfe bei der Wohnungssuche oder Sprachkurse, um die Ansiedlung zu erleichtern.

Kooperationen

Durch die Zusammenarbeit mit anderen Kommunen, Verbänden oder privaten Unternehmen können Ressourcen gebündelt und Knowhow ausgetauscht werden. Beispielsweise könnten gemeinsame Arbeitsgruppen oder interkommunale Projektteams für die Energiewende gebildet werden.

Förderung des Technologietransfers

Technologiezentren oder Innovations-Hubs können ein Umfeld schaffen, in dem Wissenstransfer und Innovationen gefördert werden. Hierdurch kann das Interesse von Fachkräften geweckt und gleichzeitig die lokale Wirtschaft gestärkt werden.

Attraktive Arbeitsbedingungen

Um Fachkräfte langfristig zu binden, können Kommunen sich als attraktive Arbeitgeber positionieren, indem sie beispielsweise flexible Arbeitszeiten, Möglichkeiten zur Telearbeit oder attraktive Karriereperspektiven bieten.

Bürgerbeteiligung

Das lokale Wissen und die Fähigkeiten der Bürger sollten nicht unterschätzt werden. Ehrenamtliche Initiativen, Bürgerenergiegenossenschaften und ähnliche Gruppierungen können wertvolles Wissen beisteuern und die Umsetzung der Energiewende auf kommunaler Ebene unterstützen.

Digitale Tools und Plattformen

Der Einsatz digitaler Technologien kann dabei helfen, Wissenslücken zu schließen. Beispielsweise können Online-Plattformen zum Wissensaustausch, zur Projektverwaltung oder zur Schulung verwendet werden.

Öffentlich-private Partnerschaften (ÖPP)

Durch Kooperationen mit der Privatwirtschaft können Kommunen von der Expertise und den Ressourcen profitieren, die ihnen selbst möglicherweise fehlen. Diese Partnerschaften können sowohl finanziell als auch technologisch unterstützen.

> Kommunikation, Kommunikation, Kommunikation!

Konsequente Kommunikation ist für den Erfolg der Energiewende auf kommunaler Ebene entscheidend. Sie hilft nicht nur, die Mitarbeiter der Stadtverwaltung und politische Entscheidungsträger zu mobilisieren, sondern auch, die Bürgerinnen und Bürger für die Energiewende zu gewinnen und externe Partner einzubeziehen.

Kommunikation erweist sich erfahrungsgemäß jedoch immer als ein kritischer Faktor. Besonders auf kommunaler Ebene, wo Investor, Betreuer und Nutzer – oft verschiedene organisatorische Einheiten – interagieren, ist eine klare und strukturierte Kommunikation unerlässlich. Missverständnisse, Informationslücken oder widersprüchliche Zielvorstellungen müssen bereits im Vorfeld thematisiert werden, um eine effiziente und zielgerichtete Umsetzung der Energiewende sicherzustellen.

Denn ohne eine solide Basis des Wissensaustauschs und eine klare Verständigung über Ziele und Methoden ist das Risiko von ineffizienten Prozessen und Fehlinvestitionen hoch. Daher ist es auch wichtig, in den Aufbau von Knowhow und die Fortbildung von Personal zu investieren und hierbei insbesondere den Aspekt der interdisziplinären und interorganisationalen Kommunikation zu betonen.

Darüber hinaus ist es entscheidend, dass nicht nur innerhalb der Verwaltungsstrukturen, sondern auch nach außen hin, also gegenüber den Bürger*innen, transparent kommuniziert wird. Diese müssen über Maßnahmen, Entwicklungen und mögliche Auswirkungen der Energiewende klar informiert werden und idealerweise aktiv in entsprechende Prozesse einbezogen werden, um Akzeptanz und Unterstützung in der Bevölkerung zu entwickeln.

Im Folgenden einige Strategien, wie Kommunen den Energiewandel intern kommunizieren können:

Interne Workshops und Schulungen

Durch regelmäßige Schulungen und Workshops kann sichergestellt werden, dass alle Mitarbeiter über die Ziele der Energiewende informiert sind und verstehen, welchen Beitrag sie leisten können.

Regelmäßige Updates

Regelmäßige Newsletter, Intranet-Beiträge oder interne Meetings können genutzt werden, um Updates über Fortschritte, Herausforderungen und kommende Projekte zu teilen.

Mitarbeiter einbinden

Aktive Beteiligung der Mitarbeiter bei der Entwicklung und Umsetzung von Energiewendeprojekten kann deren

Engagement erhöhen und wertvolles Feedback generieren.

Anreizsysteme schaffen

Anreize für energieeffizientes Verhalten oder innovative Ideen können das Personal motivieren, sich aktiv an der Energiewende zu beteiligen.

Auch die Kommunikation nach außen darf nicht zu kurz kommen. Hier ein paar Hinweise dazu:

Informationsveranstaltungen

In öffentlichen Veranstaltungen kann die Kommune ihre Ziele und Strategien präsentieren und gleichzeitig Feedback und Anregungen aus der Bevölkerung einholen.

Transparente Informationspolitik

Die Bereitstellung von Informationen über Websites, soziale oder lokale Medien sorgt für Transparenz und Verständnis in der Bevölkerung.

Bürgerbeteiligung

Bürger können in Workshops, Umfragen oder Beteiligungsplattformen direkt in Planungsprozesse einbezogen werden, was das Gefühl der Mitverantwortung stärkt und oft zu höherer Akzeptanz führt.

Erfolgsgeschichten teilen

Positive Beispiele und Fallstudien von erfolgreichen Projekten können veröffentlicht werden, um zu zeigen, welche konkreten Vorteile die Energiewende mit sich bringt.

Kooperation mit lokalen Medien

Die Zusammenarbeit mit der Presse kann die Reichweite und die Effektivität der Kommunikation verbessern.

Bildungsprogramme

Schulen und Bildungseinrichtungen können in Aufklärungs- und Bildungsprogramme einbezogen werden, um das Bewusstsein für Energieeffizienz und nachhaltiges Handeln zu schärfen.

Zusammenarbeit mit Unternehmen und NGOs

Partnerschaften mit lokalen Unternehmen und Nichtregierungsorganisationen können dabei helfen, Ressourcen zu bündeln und die Energiewende breiter zu kommunizieren.

Events und Kampagnen

Spezielle Events wie Messen, Märkte oder Wettbewerbe können auf die Energiewende aufmerksam machen und Bürger zur Teilnahme anregen.

Die Kombination aus transparenter, regelmäßiger und interaktiver Kommunikation nach innen und außen schafft eine solide Basis für die erfolgreiche Umsetzung der Energiewende in der Kommune. Sie fördert das Verständnis, die Akzeptanz und die aktive Mitwirkung aller Beteiligten.

Öffentliche Gebäude fit für die Energiewende machen

In der Verantwortung für den kommunalen Klimaschutz nehmen die Städte und Gemeinden eine Vorreiterrolle ein, indem sie ihre öffentlichen Gebäude energetisch sanieren. Öffentliche Gebäude wie Schulen, Rathäuser, Bibliotheken oder Sporthallen prägen nicht nur das Stadtbild, sondern verursachen auch einen erheblichen Teil des kommunalen Energieverbrauchs. Durch gezielte Sanierungsmaßnahmen können diese Gebäude zu Vorreitern im Klimaschutz werden.

Die energetische Sanierung öffentlicher Bauten umfasst in der Regel eine umfassende Dämmung der Gebäudehülle, den Austausch alter Fenster durch eine moderne, wärmeisolierende Verglasung sowie die Erneuerung der Heizungsanlagen hin zu effizienteren Systemen oder gar der Umstellung auf erneuerbare Energien wie Wärmepumpen oder Biomassekessel. Auch die Installation von Photovoltaikanlagen auf Dächern oder die Nutzung von Solarthermie zur Warmwasserbereitung und Heizungsunterstützung sind zentrale Maßnahmen, die nicht nur Energie produzieren, sondern auch ein sichtbares Zeichen für die Energie- und Klimawende setzen.

Zudem trägt die Modernisierung der Beleuchtungssysteme durch den Einsatz von LED-Technologie zur Energieeinsparung bei. Intelligente Steuerungssysteme wie Smartmeter ermöglichen eine bedarfsgerechte Regulation von Heizung, Lüftung und Beleuchtung, was den Energieverbrauch zusätzlich reduziert. Darüber hinaus kann die Einrichtung von Gründächern oder die Begrünung von Fassaden dazu beitragen, das Mikroklima zu verbessern und die Biodiversität zu erhöhen.

Die Finanzierung solcher Sanierungsmaßnahmen stellt Kommunen oft vor große Herausforderungen. Hier können Förderprogramme des Bundes, der Länder und der Europäischen Union unterstützen. Darüber hinaus eröffnen sich durch Contracting-Modelle mit privaten Dienstleistern Möglichkeiten, ohne hohe eigene Investitionen Energiesparmaßnahmen zu realisieren.

Durch die Vorbildfunktion, die kommunale Gebäude innehaben, hat die Sanierung außer der energetischen auch eine starke pädagogische Komponente. Sie demonstriert den Bürgern die Bedeutung und die Umsetzbarkeit von Energiesparmaßnahmen. Zudem werden lokale Handwerksbetriebe und das Baugewerbe gefördert, was die regionale Wirtschaft stärkt und sogar Arbeitsplätze schafft.

Kommunale Energiewende: vielfältige Energiequellen für eine nachhaltige Zukunft

Von erneuerbaren Energien wie Sonne, Wind und Wasser bis hin zu Biomasse und Geothermie können Kommunen verschiedene Wege beschreiten, um eine resiliente und umweltfreundliche Energieinfrastruktur zu etablieren.

Photovoltaik

Die Effizienz einer Photovoltaikanlage hängt von verschiedenen Faktoren ab, wie der Intensität der Sonneneinstrahlung, dem Winkel und der Ausrichtung der Module, der Temperatur und der Qualität der verwendeten Komponenten. Mit modernen Anlagen kann auch bei diffusem Licht effizient Strom erzeugt werden.

Strom durch Photovoltaik kann in Kommunen auf verschiedene Weisen gewonnen werden:

Dachflächen nutzen

Die Installation von Solarpaneelen auf den Dächern kommunaler Gebäude wie Schulen, Rathäuser, Sporthallen oder anderen öffentlichen Einrichtungen ist eine effektive Möglichkeit, ungenutzte Flächen zu aktivieren. Durch die dezentrale Erzeugung von Strom können diese Gebäude einen Teil ihres Energiebedarfs selbst decken, was langfristig zu einer Reduktion der Energiekosten führt.

Freiflächenanlagen

Freie Flächen innerhalb der Kommune wie zum Beispiel ehemalige Mülldeponien, ungenutzte Gewerbeflächen oder Randstreifen entlang von Verkehrswegen können für größere Solarparks genutzt werden. Diese Anlagen können erhebliche Mengen an Strom produzieren, der ins Netz eingespeist oder für kommunale Einrichtungen verwendet wird.

Solarcarports und Parkplätze

Die Überdachung von Parkplätzen mit Photovoltaik-Modulen schafft nicht nur Schutz für die Fahrzeuge, sondern auch eine zusätzliche Fläche für die Stromproduktion. Zudem können diese mit Ladestationen für Elektroautos kombiniert werden, um die E-Mobilität zu fördern.

Fassadenintegration

Die Integration von Photovoltaik-Elementen in die Fassaden von Gebäuden kann nicht nur ästhetisch ansprechend sein, sondern ebenfalls zur Energiegewinnung beitragen, besonders in städtischen Gebieten, wo Dachflächen begrenzt sind.

Bürgerbeteiligung

Kommunen können Bürgerenergieprojekte unterstützen oder initiieren, bei denen sich Bürgerinnen und Bürger finanziell an Photovoltaikanlagen beteiligen und so direkt am Ausbau der erneuerbaren Energien mitwirken.

Öffentlich-private Partnerschaften

Kommunen können mit Unternehmen zusammenarbeiten, um Investitionen in Photovoltaik zu realisieren, wobei die Unternehmen die technische Expertise und teilweise die Finanzierung einbringen.

Pachtmodelle

Nicht genutzte kommunale Dach- und Freiflächen können an Solarunternehmen verpachtet werden, die dort Anlagen errichten und betreiben, während die Kommune

Pachteinnahmen generiert und gegebenenfalls günstigen Strom beziehen kann.

Repowering

Die Modernisierung alter Solarparks durch leistungsfähigere und effizientere Anlagen kann den Energieertrag steigern und die Akzeptanz in der Bevölkerung erhöhen, da weniger Anlagen für die gleiche Leistung benötigt werden.

Windenergie

Um eine effiziente Nutzung der Windenergie zu gewährleisten, gilt es zu beachten: die Windgeschwindigkeit am Standort, die Höhe der Turbine (da die Windgeschwindigkeit mit der Höhe zunimmt), die Größe und Form der Rotorblätter sowie die Technologie des Generators. Moderne Windenergieanlagen sind technisch ausgereift und können auch bei variierenden Windgeschwindigkeiten effizient arbeiten.

Für Kommunen ist die Nutzung von Windenergie nicht nur ein Schritt hin zu einer nachhaltigen Energieversorgung, sondern auch ein möglicher ökonomischer Vorteil. Durch den Betrieb eigener Anlagen oder die Gewährleistung von Flächen für Windparks können sie neue Einnahmequellen erschließen und lokale Arbeitsplätze schaffen.

Hier sind einige Möglichkeiten, wie Kommunen Windenergie nutzen können:

Errichtung kommunaler Windparks

Auf gemeindeeigenen Flächen oder in Kooperation mit privaten Grundstückseigentümern können Windparks errichtet werden. Dabei können die Kommunen entweder als Investor auftreten oder durch die Bereitstellung von Flächen die Voraussetzung für Investitionen Dritter schaffen. Die gewonnene Energie kann für den Betrieb kommunaler Einrichtungen genutzt oder als Überschussstrom ins Netz eingespeist werden, um aus dem Verkauf Einnahmen zu generieren.

Beteiligung an Bürgerwindparks

Kommunen können die Gründung von Bürgerwindprojekten unterstützen, indem sie die Rahmenbedingungen schaffen und die Bürger aktiv in Planungsprozesse einbinden. Solche Modelle fördern die Akzeptanz und ermöglichen den Bürgern eine direkte finanzielle Teilhabe.

Kleinwindanlagen

Für kleinere Gemeinden oder für spezifische kommunale Einrichtungen wie Klärwerke oder Bauhöfe können Kleinwindanlagen eine sinnvolle Option darstellen.

Repowering

Die Modernisierung alter Windkraftanlagen durch leistungsfähigere und effizientere Anlagen kann den Energieertrag steigern und die Akzeptanz in der Bevölkerung erhöhen, da weniger Anlagen für die gleiche Leistung benötigt werden.

Interkommunale Zusammenarbeit

Mehrere Kommunen können sich zusammenschließen, um größere Windenergieprojekte gemeinsam zu realisieren, die alleine nicht umsetzbar wären.

Abstandsregelungen

Windkraftanlagen sind ein zentraler Bestandteil der Energiewende, doch sie stoßen nicht überall auf Zustimmung. Viele Bürgerinnen und Bürger äußern Bedenken bezüglich der Landschaftsveränderung, des Lärms und potenzieller Auswirkungen auf die Tierwelt. Diese Besorgnisse führen oft zu lokalen Widerständen gegen neue Windkraftprojekte. Um diesen Herausforderungen zu begegnen und einen Ausgleich zwischen den Bedürfnissen der erneuerbaren Energieerzeugung und dem Erhalt der Lebensqualität zu schaffen, haben verschiedene

Bundesländer in Deutschland spezifische Abstandsregelungen für Windkraftanlagen eingeführt. Diese Regelungen sollen sowohl den Umweltschutz als auch die Akzeptanz der lokalen Bevölkerung sicherstellen.

Hier ist ein Überblick über die Situation, Stand April 2023, wobei zu beachten ist, dass sich die Regelungen jederzeit ändern können:

- *Baden-Württemberg:* Es gibt keine pauschalen Abstandsregelungen, stattdessen werden Abstände im Einzelfall geprüft.

- *Bayern:* Hier gilt die sogenannte 10-H-Regelung, nach der der Abstand das Zehnfache der Gesamthöhe der Anlage betragen muss, was oft mehr als 1.000 Meter sind.

- *Berlin:* Wegen der städtischen Struktur sind Windenergieanlagen in Berlin kaum ein Thema.

- *Brandenburg:* Es gibt keine festen Abstandsregeln, aber es werden Empfehlungen ausgesprochen, die im Rahmen der Raumordnungs- und Genehmigungsverfahren berücksichtigt werden.

• *Bremen:* In Bremen gibt es wegen der städtischen Struktur und der geringen Fläche ebenfalls kaum Windenergieanlagen.

• *Hamburg:* Auch hier gibt es wegen der städtischen Struktur kaum Windenergieanlagen.

• *Hessen:* Es gibt keine festen Abstandsregelungen, Entscheidungen werden im Einzelfall getroffen.

• *Mecklenburg-Vorpommern:* Auch hier gibt es keine festen Abstandsregeln, es wird von Fall zu Fall entschieden.

• *Niedersachsen:* Es gibt keine allgemeinen Abstandsregelungen, es gelten individuelle Entscheidungen.

• *Nordrhein-Westfalen:* Hier sollten ursprünglich Abstände von 1.500 Metern gelten, aber diese Regelung wurde von Gerichten teilweise gekippt. Es gilt eine individuelle Prüfung.

• *Rheinland-Pfalz:* Es gibt keine starren Abstandsregeln, stattdessen werden Abstände im Einzelfall bestimmt.

• *Saarland:* Es gilt eine individuelle Abstandsregelung, basierend auf der jeweiligen Planung.

- *Sachsen:* Es gibt keine starren Abstandsregeln, die Abstände werden einzelfallabhängig bestimmt.

- *Sachsen-Anhalt:* Auch hier gibt es keine festen Abstandsregeln, sondern Einzelfallentscheidungen.

- *Schleswig-Holstein:* Keine festen Abstandsregeln, aber es gibt Abstandsflächen, die im Einzelfall geprüft werden.

- *Thüringen:* Es gibt keine landesweiten festen Abstandsregeln, Entscheidungen werden fallabhängig getroffen.

Die Abstandsregelungen sind oft komplex und beinhalten viele Ausnahmen und besondere Bedingungen, zum Beispiel in Bezug auf die Anzahl der betroffenen Wohnhäuser oder die Möglichkeit, durch bestimmte Ausgleichsmaßnahmen näher an Wohngebiete heranzurücken. Deshalb ist es immer ratsam, die aktuellen Bestimmungen und rechtlichen Rahmenbedingungen direkt bei den zuständigen Landesministerien oder Behörden zu prüfen.

Biomasse

Biomasse bezeichnet organische Materialien, die als Energiequelle verwendet werden können. Dazu zählen beispielsweise Holz, landwirtschaftliche Reststoffe, organische Abfälle und Energiepflanzen. Die Energiegewinnung aus Biomasse erfolgt durch verschiedene Verfahren, die in Biogasanlagen, Biomassekraftwerken oder in kleineren, dezentralen Einheiten stattfinden können.

Hier sind einige Möglichkeiten, wie Kommunen Biomasse zur Stromerzeugung verwenden können:

Biogasanlagen

In Biogasanlagen werden organische Abfälle wie Gülle, Mist, Bioabfälle oder Energiepflanzen wie Mais anaerob (ohne Sauerstoff) vergoren. Dabei entsteht Biogas, hauptsächlich bestehend aus Methan, das in Blockheizkraftwerken (BHKWs) zur gleichzeitigen Erzeugung von Strom und Wärme verbrannt wird.

Biomasseheizkraftwerke

Hier wird feste Biomasse wie Holzreste aus der Forstwirtschaft, Holzabfälle oder speziell angebaute Energiehölzer verbrannt, um Wasser zu erhitzen und Dampf zu erzeugen, der eine Turbine antreibt. Über einen Generator wird dann Strom produziert.

Wasserkraftwerke

Wasserkraft ist eine der ältesten Energiequellen und hat den Vorteil, dass sie eine konstante und vorhersehbare Energiemenge liefert, im Gegensatz zu anderen erneuerbaren Energien wie Wind- oder Solarenergie, die von Wetterbedingungen abhängen.

Wasserkraft basiert auf der Nutzung der kinetischen Energie von fließendem Wasser. Die Grundidee ist einfach: Wasser fließt aufgrund der Schwerkraft bergab, und diese Bewegung kann genutzt werden, um eine Turbine anzutreiben.

Eine weitere Form dieser Technologie ist das Pumpspeicherkraftwerk, das in zwei Schritten arbeitet: In Zeiten geringen Strombedarfs wird elektrische Energie genutzt, um Wasser in ein höheres Reservoir zu pumpen. Wenn die Stromnachfrage steigt, wird das Wasser zurück in ein niedrigeres Becken geleitet, wobei es Turbinen antreibt und Strom erzeugt.

Kleinstwasserkraftwerke

Kleine Wasserläufe können mit Kleinstwasserkraftanlagen ausgestattet werden, die schon bei geringen Wassermengen und niedrigen Fallhöhen effizient arbeiten.

Mittlere und große Wasserkraftwerke

Falls ausreichend Wasserfluss und Gefälle vorhanden sind, können mittlere bis große Wasserkraftwerke errichtet werden. Diese sind zwar kapitalintensiver, können jedoch deutlich mehr Strom erzeugen.

Modernisierung bestehender Anlagen

Viele Kommunen verfügen bereits über ältere Wasserkraftanlagen, die durch Modernisierung und Optimierung effizienter gemacht werden können.

Pumpspeicherwerke

Diese können in hügeligen oder bergigen Regionen genutzt werden, um Überschussstrom zu speichern und bei Bedarf wieder abzugeben.

Geothermie

Geothermische Energie beruht auf der Nutzung der natürlichen Wärme des Erdinneren. Die Erde speichert Wärme, die durch den Zerfall von radioaktiven Elementen im Erdkern entsteht und durch geothermische Gradienten nach oben geleitet wird. Die Nutzung der Geothermie ist eine kontinuierliche, wetterunabhängige Energiequelle, die lokal verfügbar ist und eine geringe Umweltbelastung aufweist. Sie bietet zudem eine hohe

Versorgungssicherheit und kann zu einer deutlichen Reduktion der CO_2-Emissionen beitragen. Allerdings sind die Anfangsinvestitionen für geothermische Anlagen relativ hoch, und es bedarf einer sorgfältigen geologischen Voruntersuchung, um das Potenzial und mögliche Risiken wie Erdbeben oder Grundwasserkontamination zu bewerten.

Tiefengeothermie für Stromproduktion

Bei ausreichender Tiefe und geeigneten geologischen Bedingungen können heiße Wasserreservoire angezapft werden, um Dampf zu erzeugen, der eine Turbine antreibt und somit Strom erzeugt.

Oberflächennahe Geothermie für Heizzwecke

In geringerer Tiefe, normalerweise bis zu 400 Metern, kann die geothermische Energie genutzt werden, um über Wärmetauscher Heizsysteme zu betreiben, die beispielsweise für kommunale Gebäude, Wohnsiedlungen oder Gewächshäuser genutzt werden können.

Geothermische Fernwärmenetze

Diese Systeme nutzen die geothermische Energie, um Wasser zu erwärmen, das dann über isolierte Rohrleitungen zu den Verbrauchern transportiert wird.

Geothermische Kraft-Wärme-Kopplung

Die kombinierte Produktion von Strom und Wärme kann die Effizienz des geothermischen Systems maximieren, wobei die Wärme für lokale Bedürfnisse genutzt und der Strom in das öffentliche Netz eingespeist wird.

Abwärmenutzung

Abwärme fällt in vielen industriellen und gewerblichen Prozessen sowie bei der Energieerzeugung an und wird oft ungenutzt an die Umgebung abgegeben. Die Nutzung von Abwärme bezieht sich auf das Sammeln und Umwandeln von Wärmeenergie, die bei verschiedenen Prozessen als Nebenprodukt entsteht und normalerweise ungenutzt in die Umwelt abgegeben wird.

Kraft-Wärme-Kopplung (KWK)

Durch den Einsatz von Blockheizkraftwerken (BHKW) kann gleichzeitig Strom und Wärme erzeugt werden. Hierbei wird die bei der Stromerzeugung anfallende Abwärme genutzt, um beispielsweise öffentliche Gebäude zu beheizen oder Warmwasser bereitzustellen.

Integration in Fernwärmenetze

Kommunale Fernwärmenetze können die Abwärme aus Industrieprozessen, Müllverbrennungsanlagen oder

Rechenzentren aufnehmen und für die Beheizung von Wohngebieten oder zur Prozesswärme in Unternehmen nutzen.

Abwärme aus Abwasser

Die Nutzung der im Abwasser enthaltenen Wärme mittels Wärmetauschern kann dazu beitragen, die Energie für die Erwärmung von Frischwasser zu reduzieren oder umliegende Gebäude zu beheizen.

Welche Lösung für wen? Beispiele aus der Praxis

Der Ansatz zur Umsetzung energetischer Konzepte in einer Kommune sollte von der Anfangsfrage ausgehen: »Was ist vor Ort verfügbar?« Denn alle Szenarien und Ansätze haben eines gemeinsam: Universallösungen im Kontext nachhaltiger Energiekonzepte existieren nicht. Lösungen müssen vielmehr »unique solutions« sein, die unter Berücksichtigung regionaler Verfügbarkeiten, logistischer Herausforderungen und tragbarer Investitionskosten entwickelt werden.

In Norddeutschland beispielsweise nutzen Küstengemeinden die Windenergie, wo die Voraussetzungen dank starker und konstanter Winde ideal sind, und bauen so ihre Windparks aus. Kommunen mit einem großen Bestand an landwirtschaftlichen Flächen setzen oft auf Biogasanlagen, um die Abfallprodukte der Landwirtschaft in Energie umzuwandeln.

Zwei Beispiele aus der Praxis sollen im Folgenden illustrieren, wie unterschiedliche Energiequellen entsprechend der regionalen Verfügbarkeit und den spezifischen Gegebenheiten effizient genutzt werden können.

Beispiel 1: Photovoltaik und Holzpellets

Ein praxisorientiertes Beispiel könnte eine Kommune mit Holzrecht illustrieren. Durch den Einsatz von Photovoltaik-Systemen könnte an sonnigen Tagen, besonders in den Sommermonaten, nahezu CO_2-neutral Holz zu Pellets verarbeitet werden. Diese Pellets werden dann in den Wintermonaten als Heizmittel für kommunale Gebäude, Schulen, Kindergärten und Schwimmbäder verwendet. Hierbei wird der Brennstoff Holz mittels »freier« Sonnenenergie außerhalb der Heizperiode veredelt und in komprimierter Form für die kalten Monate bevorratet. Interessant ist dabei die Energiebilanz: Rund 2 Kilogramm Holzpellets (etwa 10 kWh) können circa 1 Liter Öl oder 1 Kubikmeter Erdgas ersetzen.

Aber auch andere lokale Ressourcen wie etwa die Erträge aus der Landwirtschaft könnten durch die Produktion von Biogas energetisch genutzt werden. Hierbei könnten Konzepte entstehen, die eigene Gebäude durch den Einsatz von Holzhackschnitzeln aus dem eigenen Wald versorgen und dabei eine hohe energetische Effizienz und eine erhebliche Reduzierung von CO_2-Emissionen realisieren.

Beispiel 2: Optimale Energieausnutzung in Neubaugebieten

Ein weiteres Konzept könnte sich auf die Energienutzung in Neubaugebieten beziehen. Im Rahmen der kommunalen Wärmenetzplanung lassen sich hervorragend Fern- und Nahwärmenetze derart nutzen, dass zum Beispiel innerhalb eines denkmalgeschützten Ortskerns hohe Vorlauftemperaturen des Netzes genutzt werden und deren Rücklauf mit niedrigen Temperaturen durch ein angrenzendes Neubaugebiet. Eine Absenkung bis in den Temperaturbereich von +5–20°C) eines Kaltnetzes wäre denkbar, um dann mittels dezentraler Wasser-Wasserpumpen die Energie der auf der Trasse des Kaltnetzes liegenden Gebäude eventuell auch zusätzlich unter Einsatz von dezentraler Photovoltaik-Flächen zu generieren. Wasserwasser Wärmepumpen arbeiten sehr effizient; aus einem Teil Strom können bis zu fünf Teile Wärme generiert (im Rahmen eines sogenannten Kaltnetzes) und so eine effiziente Energieumwandlung ermöglicht werden.

Die Einbindung einer Wasserwasserwärmepumpe könnte eine weitere sinnvolle Ergänzung darstellen, um die Energieversorgung zu optimieren. Darüber hinaus arbeitet diese Technologie unabhängig von Umwelteinflüssen und außerdem völlig geräuschlos und optisch unsichtbar (ohne sichtbare Außeneinheiten, wie beispielsweise bei einer Luftwasserwärmepumpe).

»Weniger ist mehr« bei Projektteams

Für viele Kommunen, die sich auf den Weg begeben, nachhaltige Projekte zu verwirklichen, ist das richtige Projektteam der Schlüssel zum Erfolg. Dabei sollte gelten: »Weniger ist mehr.« Die Größe des Teams und die richtige Besetzung sind oft entscheidend, um ein Vorhaben effektiv und zielgerichtet umzusetzen.

Zusammensetzung des Kern-Teams: In einer kleinen Kommune kann bereits ein kleines, aber gut abgestimmtes Team aus Bürgermeister, Bauamtsleiter, Ingenieur, Architekt und dem Nutzer – etwa bei Vorhaben wie dem Bau eines Kindergartens oder einer Schule – ausreichen. Die Erfahrung zeigt, dass mit solch einer schlanken Struktur Projekte effizienter in Bezug auf Qualität, Termine und Kosten realisiert werden können.

Vermeidung von Team-Aufblähung: Ein häufiges Problem, das ich in meiner Erfahrung beobachtet habe, ist die unkontrollierte Erweiterung des Teams. Dies geschieht oft aus Unsicherheit der politisch gewählten Entscheidungsträger oder aus dem Wunsch nach einer Rückversicherung durch externe Berater oder Projektsteuerer heraus. Leider wissen diese zusätzlichen Mitglieder oft selbst nicht genau, wo ihre Kompetenzen und Grenzen liegen. Das Hinzuziehen externer Meinungen, besonders wenn diese nicht klar definiert sind oder wenn sie lediglich als Reaktion auf einen Mangel an Vertrauen in die Hauptakteure (wie Architekten und Ingenieure) geschehen, kann das Vorankommen des Projekts erheblich behindern.

Ermittlung von Kompetenzen: Bevor man das Projektteam erweitert, sollte man sich fragen: Liegt hier ein echter Bedarf für eine Zweit- oder Drittmeinung vor? Die Kommune sollte sich unbedingt die Zeit nehmen, die Akteure und ihre bisherigen Referenzen genau zu betrachten. Hierbei können die Phasen der Angebotseinholung und -Findung hilfreich sein, um sicherzustellen, dass die richtigen Personen am Projekt beteiligt sind.

Lernen von anderen

Ein weiterer wertvoller Tipp für Kommunen ist, sich in der Region umzusehen und von den Erfahrungen anderer zu lernen. Wie haben andere Kommunen in einem Umkreis von 50–100 Kilometern ihre Projekte realisiert? Welche Lösungen haben sie gefunden? Wie liegen sie kosten- und zeitmäßig in der Abwicklung? Der Austausch mit anderen Kommunen und das Lernen von ihren Erfolgen, aber auch von ihren Herausforderungen, kann wertvolle Einblicke bieten und dabei helfen, Fallstricke zu vermeiden.

Eine schlanke und fokussierte Teamstruktur ist oft der Schlüssel zum Erfolg eines Projekts in einer Kommune. Indem man die richtigen Leute von Anfang an einbindet und unnötige Erweiterungen vermeidet, kann man sicherstellen, dass das Projekt effizient und zielgerichtet vorankommt.

6. Energiewende im Internet – Anlaufstellen und Ressourcen für Beratung und Förderung

In Deutschland bieten verschiedene Institutionen und Agenturen finanzielle Unterstützung und Förderungen für eine Vielzahl von Projekten und Vorhaben an. Diese Unterstützung kann über spezialisierte Portale abgefragt und beantragt werden. Dazu zählt das Bundesamt für Wirtschaft und Ausführkontrolle (BAFA) unter www.bafa.de, welches Förderungen in Bereichen wie Energieeffizienz, Wirtschaftsförderung und Exportkontrolle anbietet. Die Kreditanstalt für Wiederaufbau (KfW – www.kfw.de) unterstützt mit ihren Programmen unter anderem den Mittelstand, Existenzgründungen und umweltfreundliche und energieeffiziente Bauvorhaben. Die Deutsche Energie-Agentur (dena) unter www.dena.de fokussiert sich hauptsächlich auf Energieeffizienz und erneuerbare Energien und bietet Informationen sowie Unterstützung zu diesen Themen.

Besonders hervorzuheben ist, dass für diejenigen, die spezifisch an Förderprogrammen interessiert sind, das Bundesministerium für Wirtschaft und Klimaschutz eine dedizierte Seite unter www.energiewechsel.de bereithält.

Die Webseite unterscheidet zwischen verschiedenen Zielgruppen, sodass alle schnell und effizient das passende Förderprogramm finden können. So gibt es spezielle Kategorien für UNTERNEHMEN, in denen Förderungen für Nichtwohngebäude aufgelistet werden, die beispielsweise für die energieeffiziente Sanierung von Betriebsgebäuden oder für die Integration erneuerbarer Energietechnologien in Gewerbeimmobilien relevant sein können.

Für private Bauherren und Eigentümer gibt es die Kategorie EIGENHEIM, die einen Überblick über Finanzierungsmöglichkeiten für die Sanierung oder den Neubau von Wohngebäuden bietet. Hier finden sich Informationen zu Zuschüssen oder zinsgünstigen Krediten für Maßnahmen, die die Energieeffizienz verbessern oder die Nutzung erneuerbarer Energien im Eigenheim fördern.

Die dritte Kategorie richtet sich an KOMMUNEN. Hier werden Förderprogramme präsentiert, die Städte und Gemeinden bei der Umsetzung von Klimaschutzprojekten und der Verbesserung der Energieeffizienz öffentlicher Gebäude unterstützen. Dies umfasst beispielsweise die Sanierung von Schulen, Schwimmbädern oder Rathäusern sowie Projekte zur nachhaltigen Stadtentwicklung.

Wer sich über Gesetze im Bereich Energie wie beispielsweise das Gebäudeenergiegesetz (GEG) informieren möchte, findet auf der Webseite des Bundesministeriums für Wirtschaft und Klimaschutz (www.bmwk.de) eine umfangreiche Informationsquelle.

Außer den bundesweiten Fördermöglichkeiten und Informationsplattformen existieren in Deutschland auch regionale Initiativen, die sich der Förderung und Umsetzung von Projekten im Bereich erneuerbarer Energien und nachwachsender Rohstoffe widmen. Ein Beispiel hierfür ist das in Bayern ansässige Netzwerk C.A.R.M.E.N. e.V., kurz für Centrale Agrar-Rohstoff Marketing- und Energie-Netzwerk.

Gegründet wurde C.A.R.M.E.N. e.V. am 6. Juli 1992 in Rimpar bei Würzburg. Das Netzwerk hatte von Beginn an das Ziel, den Einsatz und die Vermarktung von nachwachsenden Rohstoffen und erneuerbaren Energien zu fördern. Mit dem Eintritt in das Kompetenzzentrum für Nachwachsende Rohstoffe (KoNaRo) im Jahr 2001 mit Sitz in Straubing, erweiterte der Verein sein Wirkungsfeld und festigte seine Position als wichtige Schnittstelle zwischen Forschung, Wirtschaft und Politik.

Seit 2012 widmet sich C.A.R.M.E.N. e.V. zudem verstärkt den Zielen der Energiewende. Dabei unterstützt es durch Informationsvermittlung, Netzwerkarbeit und Beratung die Umsetzung nachhaltiger Projekte in Bayern. Von der Bioenergie über Solartechnik bis hin zu Windkraft und Geothermie – C.A.R.M.E.N. e.V. deckt ein breites Spektrum ab und leistet so einen wertvollen

Beitrag zur Transformation der Energieversorgung in Bayern.

Neben den bereits genannten staatlichen und regionalen Einrichtungen und Netzwerken bieten auch Anstalten des öffentlichen Rechts wertvolle Unterstützung und Informationen, wenn es um Förderfragen zur energetischen Sanierung geht. Ein Beispiel hierfür ist der Norddeutsche Rundfunk (NDR), zu finden unter www.ndr.de, der als öffentlich-rechtlicher Sender nicht nur informiert und unterhält, sondern auch Bildungsaufgaben wahrnimmt.

Gerade in den Bereichen der energetischen Sanierung – sei es bei Fassaden, Fenstern oder der Heizungstechnik – stehen viele Verbraucher und Anwender vor einer Menge Fragen: Welche Maßnahmen sind sinnvoll? Welche Technologien bieten sich an? Und nicht zuletzt: Welche Fördermöglichkeiten gibt es? Der NDR greift diese Themen in seinen verschiedenen Formaten auf – seien es Ratgebersendungen, Informationsbeiträge im Radio, Fernsehen oder Online-Artikel. Auf diese Weise vermittelt er nicht nur grundlegendes Wissen, sondern berichtet auch über aktuelle Entwicklungen, Expertenmeinungen und praktische Erfahrungsberichte.

Last but not least darf natürlich das Fachhandwerk nicht vergessen werden. Eng verzahnt mit den Herstellern der Wärmeerzeuger können Fachhandwerker wertvolle Einblicke und Beratung anbieten. Sie haben oft direkten Kontakt zu den Herstellern und sind daher bezüglich der technischen Spezifikationen und der Förderfähigkeit der verschiedenen Produkte auf dem neuesten Stand.

Darüber hinaus stellen Energieagenturen und Energieberater eine zentrale Dienstleistung dar, wenn es um die Beratung zu Fördermöglichkeiten geht. Diese Experten sind spezialisiert auf die Energieeffizienz und Erneuerbare Energien und bieten maßgeschneiderte Beratung an, wie man am besten von staatlichen Förderprogrammen profitieren kann. Sie kennen nicht nur die Details der Förderprogramme, sondern unterstützen auch bei der Antragstellung und bei der Umsetzung von energieeffizienten Maßnahmen.

7. Ausblick

Die Zukunft wird sich zunehmend unter dem Einfluss von Energieeffizienz und der Nutzung erneuerbarer Energien gestalten, sowohl im privaten Lebensbereich als auch im Sektor der Wirtschaft. Dieser Wandel hin zu nachhaltigen Energiequellen ist essenziell, um den ökologischen Fußabdruck zu reduzieren und eine langfristige Versorgungssicherheit zu gewährleisten.

Entfesselung der Energiewende

Für eine erfolgreiche Umsetzung der Energiewende ist es aber unerlässlich, bestehende administrative und bürokratische Barrieren zu minimieren. Ein wesentlicher Schritt hierbei ist die Vereinfachung des Förderwesens. Klare und zugängliche Förderkriterien, verbunden mit einem transparenten Antragsprozess, erleichtern es Unternehmen und Privatpersonen, Investitionen in nachhaltige Energietechnologien voranzutreiben. Hierzu gehört auch die Digitalisierung administrativer Prozesse. Indem Genehmigungsverfahren in die digitale Welt übertragen werden, verkürzen sich Wartezeiten, und die Effizienz wird gesteigert. Digitale Plattformen ermöglichen es, Anträge zeit- und ortsunabhängig zu stellen und bieten einen ständigen Überblick über den Bearbeitungsstatus.

Ein weiterer Pfeiler für die Energiewende ist das Vertrauen in das Handwerk. Die Expertise von Fachkräften aus diesem Bereich ist für die praktische Umsetzung von Energieeffizienzmaßnahmen und den Einsatz erneuerbarer Technologien unentbehrlich. Daher ist es wichtig, das Handwerk durch gezielte Förderung und Weiterbildungsmaßnahmen zu stärken. Gleichzeitig muss die Öffentlichkeit über die Bedeutung des Handwerks aufgeklärt und das Vertrauen in deren Kompetenz gefestigt werden. Eine solche Wertschätzung des Handwerks trägt maßgeblich dazu bei, die Energieeffizienz im privaten wie im gewerblichen Sektor zu erhöhen und die Energiewende vor Ort lebendig zu gestalten.

Technologische Fortschritte als Wegbereiter

Die Energiewende ist nicht nur eine politische oder gesellschaftliche Aufgabe, sondern auch ein technologisches Großprojekt. Kontinuierliche Innovationen in der Energietechnik ermöglichen eine effizientere und nachhaltigere Energieerzeugung und -nutzung. Die Verbesserung bestehender Technologien und die Entwicklung neuer Ansätze sind entscheidend, um die Ziele der Energiewende zu erreichen. Durch Forschung und Entwicklung werden bestehende Hürden überwunden, die Wirtschaftlichkeit erhöht und die Integration erneuerbarer Energien vorangetrieben.

Photovoltaik – Der Trend zu kostengünstigen Lösungen

Der Photovoltaikmarkt zeigt einen erfreulichen Trend: Die Preise für Solarpaneele und zugehörige Speicherlösungen fallen kontinuierlich. Diese Entwicklung macht Stromspeicher für einen breiteren Markt zugänglich und ermöglicht es Hausbesitzern sowie Unternehmen, in die Unabhängigkeit der Energieversorgung zu investieren. Günstigere Speicherlösungen erhöhen die Attraktivität von Solaranlagen, indem sie eine zuverlässigere und beständigere Energieversorgung ermöglichen, selbst wenn die Sonne nicht scheint.

Wärmepumpen – der Übergang durch Hybridlösungen

Wärmepumpen werden oft als die Heiztechnologie der Zukunft betrachtet, doch der Übergang von traditionellen Heizsystemen erfordert Zeit und Flexibilität. Wie ich gezeigt habe, können Hybridanlagen, die Wärmepumpentechnologie mit bestehenden Heizsystemen kombinieren, einen praktikablen und weniger radikalen Ansatz bieten, denn Hybridlösungen ermöglichen eine schrittweise Umstellung und erleichtern die Integration in bestehende Gebäudeinfrastrukturen, während gleichzeitig der Weg für eine vollständig regenerative Heizlösung geebnet wird.

Zukunft der Batteriespeicher: auf dem Weg zu mehr Effizienz und Langlebigkeit

Mit dem Fortschritt in der Materialwissenschaft und Elektrochemie ist zu erwarten, dass die nächste Generation von Batterien höhere Energiedichten, längere Lebenszyklen und verbesserte Sicherheitsprofile bieten wird. Fortschritte bei der Reduzierung von Ladezeiten und die Entwicklung von nachhaltigeren Recyclingmethoden für Batteriematerialien werden ebenfalls im Fokus stehen. Zudem werden durch KI-gestützte Fertigungsprozesse präzisere und effizientere Batteriesysteme hergestellt. Die Kombination aus verbesserten Batteriezellen und fortschrittlichen Batteriemanagementsystemen wird es ermöglichen, dass die Speicherkapazitäten effektiver genutzt und in das wachsende Netz von erneuerbaren Energiequellen integriert werden können. Diese Entwicklungen versprechen nicht nur eine Optimierung der bestehenden Anwendungen wie Elektromobilität und dezentrale Energieversorgungssysteme, sondern auch die Erschließung neuer Möglichkeiten, die wir uns heute kaum vorstellen können.

Regenerative Energien – auf dem Weg zur flächendeckenden Versorgung

Die Vision einer flächendeckenden Versorgung mit erneuerbaren Energien gewinnt an Kontur. Mit der Weiter-

entwicklung und dem Ausbau von Wind- und Solar-
energieanlagen wird die Grundlage für eine nachhaltige
Energiezukunft gelegt. Die Energieerzeugung aus Wind
und Sonne wird dabei durch den technologischen Fortschritt und den politischen Willen immer effizienter und
verlässlicher. Die Zukunft verspricht ein Energienetz,
das durch eine Vielfalt an erneuerbaren Quellen gespeist
wird, was nicht nur ökologisch vorteilhaft, sondern auch
ökonomisch sinnvoll ist.

Unbequeme Wahrheiten: zwischen Förderungen und privater Finanzplanung

Bei allem Optimismus wäre es ein Trugschluss zu glauben,
dieser Wandel sei kostenfrei oder allein durch staatliche
Subventionen realisierbar. Ich begegne im Alltag stets
Menschen, die ambitionierte Pläne für Umbauten, Sanierungen oder Neubauten haben. Und ja, es gibt Förderungen, aber diese decken oft nicht die gesamten
Kosten ab. In der Tat sind die verfügbaren Fördermittel
in der Regel nicht so bemessen, dass ein Projekt mit mi-
nimalem Eigenaufwand umgesetzt werden kann. Oft
entspricht die Höhe der Förderung dem Mehrwertsteu-
ersatz oder übersteigt diesen nur leicht.

Es ist daher von essenzieller Bedeutung, dass Hausbesitzer von Beginn an eine solide finanzielle Planung
haben. Bei Neubauten beispielsweise sollte nicht nur die
Tilgung der Darlehensraten bedacht werden. Es ist auch

ratsam, Rückstellungen für die laufenden Instandhaltungskosten technischer Anlagen wie Heizsysteme, Solaranlagen, Lüftungssysteme und Enthärtungsanlagen zu bilden. Denn mit steigendem technischem Fortschritt und zunehmender Einbindung von Technologie in den Wohnbereich wachsen auch die Wartungs- und Instandhaltungskosten.

Allerdings ist zu beachten, dass solche Investitionen sich langfristig rentieren können. Durch Energieeinsparungen und erhöhte Effizienz können die laufenden Betriebskosten reduziert werden, was wiederum die anfänglichen Investitionen und Wartungskosten kompensiert.

Ein bisschen Zukunftsmusik: bidirektionales Laden

Betrachten wir die fortschreitende Entwicklung im Bereich der Elektromobilität, so stechen insbesondere zwei Aspekte hervor, die als vielversprechende, jedoch noch abzuwartende Innovationsfelder gelten: das bidirektionale Laden von Elektroautos sowie die Nutzung von Autobatterien als Hausspeicher. Beide Konzepte beinhalten eine faszinierende Vision für die Zukunft der Energieversorgung und -nutzung, befinden sich aber mit der aktuellen Technologie noch in einer Phase des Fragezeichens.

Das bidirektionale Laden, auch Vehicle-to-Grid (V2G) genannt, stellt sich eine Welt vor, in der Elektrofahrzeuge nicht nur Energie aufnehmen, sondern auch an das

Stromnetz zurückspeisen können. Hierbei wird das Auto nicht nur als Verkehrsmittel, sondern auch als mobiler Energiespeicher betrachtet, mit der Fähigkeit, das heimische Stromnetz zu unterstützen und sogar Überschussenergie ins öffentliche Netz zurückzuleiten. Obwohl diese Technologie eine revolutionäre Veränderung der Energie- und Mobilitätslandschaft verspricht, befindet sie sich in Bezug auf Effizienz, Wirtschaftlichkeit und Infrastruktur noch in der Erprobung.

Auch der Gedanke, Autobatterien als Hausspeicher zu verwenden, bietet eine innovative Möglichkeit, die Energieversorgung auf eine nachhaltigere Basis zu stellen. Die Idee, das Elektroauto nicht nur zum Fahren, sondern auch zur Versorgung des Haushalts mit elektrischer Energie zu verwenden, klingt vielversprechend. Dennoch stehen wir vor zahlreichen Herausforderungen, darunter die Lebensdauer der Batterien, die Kapazität, die Wirtschaftlichkeit und die notwendige technologische Infrastruktur, um solche Systeme effektiv in den häuslichen Energiekreislauf zu integrieren.

Während beide Konzepte ohne Zweifel ein spannendes Zukunftsthema darstellen und das Potenzial haben, die Art und Weise, wie wir Energie produzieren, speichern und nutzen, zu revolutionieren, ist es unerlässlich, die aktuellen technologischen, wirtschaftlichen und praktischen Fragestellungen ernst zu nehmen. Die Entwicklung dieser Technologien bleibt mit gespanntem Blick zu verfolgen, wobei eine nachhaltige und effektive Implementierung im realen Leben im Vordergrund stehen sollte. Die Zukunftsmusik der Elektromobilität spielt eine Melodie von Möglichkeiten und Herausforderungen gleichermaßen, und es wird essenziell sein, die harmonische Balance zwischen Innovation und Praktikabilität zu finden.

In diesem Zusammenhang ist auch wichtig zu erwähnen, dass sich die Batterie mit der Zeit abnutzt, obwohl das Auto tatsächlich weniger Kilometer gefahren sein mag. Um dieser Herausforderung zu begegnen, haben einige Autohersteller bei der Implementierung der Vehicle-to-Grid-Technologie (V2G) – also der Nutzung des Fahrzeugakkus als Stromspeicher für das eigene Zuhause – Begrenzungen eingeführt. Sie erlauben nur eine spezifische, in Kilometern ausgedrückte Fahrleistung für die Ladung und Entladung der Batterie. Bei Überschreiten dieser Grenze kann die Funktion sogar softwareseitig deaktiviert werden. Dieses Vorgehen basiert auf der Tatsache, dass die Garantie für die Batterie, die beim Kauf des Fahrzeugs vertraglich festgelegt wird, üblicherweise an eine maximale Kilometerlaufleistung gebunden ist.

Quo Vadis Wirtschaftsstandort Deutschland?

Die Frage nach der Zukunftsfähigkeit und der Widerstandskraft des Wirtschaftsstandorts Deutschland ist heute drängender denn je. Inmitten globaler Herausforderungen und geopolitischer Spannungen steht Deutschland an einem Wendepunkt, der strategische Weichenstellungen erfordert. Eines der Kernthemen dabei ist die Energietransformation, ein Marathon mit ungewissem Ausgang und einer Strecke voller Hindernisse.

Deutschland hat sich ambitionierte Ziele gesetzt, um eine nachhaltige und umweltfreundliche Energieversorgung zu realisieren. Die Umstellung auf erneuerbare Energien ist nicht nur ein Beitrag zum Klimaschutz, sondern auch ein fundamentaler Schritt für die langfristige Sicherheit und Unabhängigkeit der Energieversorgung. Doch erfordert dies einen langen Atem, denn die Energiewende ist ein komplexer Prozess, der Investitionen, Innovationen und eine hohe Akzeptanz in der Bevölkerung benötigt.

Die Weltlage scheint diesen Bemühungen nicht entgegenzukommen. Der Russland-Ukraine-Krieg hat die Verletzlichkeit der deutschen Energieversorgung offengelegt und die Dringlichkeit erhöht, sich von fossilen Brennstoffimporten zu lösen. Ein weiterer Konflikt, Israel – Gaza oder auch ein möglicher Krieg um Taiwan, würde nicht nur die politischen, sondern auch die wirtschaftlichen Verwerfungen vertiefen und die Energiepreise weiter eskalieren lassen.

Ein Paradoxon der aktuellen Situation sind die Billigsolarmodule aus China, die es Hausbesitzern in Deutschland ermöglichen, zu vergleichsweise geringen Kosten Photovoltaikanlagen zu installieren. Diese Entwicklungen sind einerseits ein Segen für die schnelle und kosteneffiziente Expansion erneuerbarer Energien. Andererseits bedeuten sie harte Konkurrenz für deutsche und europäische Solarunternehmen, die mit den niedrigen Preisen und der hohen »Skalierbarkeit« (Anpassungsfähigkeit) der chinesischen Produzenten kaum mithalten können.

Die Schlüsselfrage ist, ob es gelingen kann, eine leistungsfähige und international wettbewerbsfähige Produktion von Solartechnologien in Deutschland bzw. Europa aufzubauen. Dies erfordert nicht nur finanzielle Anreize und Förderungen, sondern auch Forschung und Entwicklung, um technologische Durchbrüche zu erzielen, die den Standortvorteil sichern. Die Förderung von Innovationen und die Skalierung von Produktionstechnologien sind hierbei entscheidende Faktoren.

Viel wird auch abhängen von der Entwicklung der Energiepreise. Diese sind eine variable Größe, die durch vielfältige Faktoren beeinflusst wird – von politischen Entscheidungen über technologische Entwicklungen bis hin zu Marktmechanismen. Die Tendenz zeigt, dass die Preise für fossile Energieträger aufgrund von Knappheit und politischen Risiken tendenziell steigen werden. Im Gegensatz dazu könnten die Kosten für erneuerbare Energien durch technologischen Fortschritt und Massenproduktion langfristig sinken.

Die Frage, wohin der Wirtschaftsstandort Deutschland steuert, wäre ein eigenes Buch wert. Die Antworten hängen von einer Vielzahl von Faktoren ab: politische

Weitsicht, wirtschaftliche Flexibilität, technologische Innovationen und nicht zuletzt die Fähigkeit der Gesellschaft, Transformationsprozesse mitzutragen. Was sicher scheint, ist, dass der Status quo keine Option mehr ist. Deutschland steht vor der Herausforderung, die Weichen für eine nachhaltige und widerstandsfähige Zukunft zu stellen, um nicht nur im nächsten Kapitel, sondern auch in den folgenden Bänden der Wirtschaftsgeschichte eine tragende Rolle zu spielen.

Schlusswort

In der Betrachtung der Energiewende stehe ich, trotz der vielfältigen und nicht zu unterschätzenden Herausforderungen, auf der Seite des Optimismus. Ich bin überzeugt, dass der Schlüssel zum Erfolg in einem klugen und wohlüberlegten Vorgehen liegt. Die Energiewende kann gelingen, wenn wir den Mut und die Weitsicht aufbringen, sie als eine Chance zu begreifen und nicht als Bürde.

Ich setze großes Vertrauen in die Weiterentwicklung der Technologie und in die unbestrittene Innovationskraft des Wirtschaftsstandorts Deutschland. Unsere Forschungsinstitute, Unternehmen und Start-ups haben bereits unter Beweis gestellt, dass sie in der Lage sind, bahnbrechende Lösungen zu entwickeln, die auf globaler Ebene Anerkennung finden.

Gleichwohl dürfen wir nicht die Notwendigkeit verkennen, an einigen entscheidenden Stellschrauben zu drehen. Es bedarf eines Masterplans, einer Blaupause, die nicht nur die technologischen und wirtschaftlichen Aspekte abdeckt, sondern auch die sozialen und gesellschaftlichen. Es ist unabdingbar, dass wir alle Bürgerinnen und Bürger mit auf diese Reise nehmen. Die Energiewende muss transparent, gerecht und nachhaltig gestaltet werden, sodass jeder Einzelne ihren Nutzen erkennen und sich einbringen kann.

Wir dürfen die Lasten der Energiewende nicht einseitig verteilen. Eine Politik, die die Kosten ungerecht aufbürdet, würde das essenzielle Vertrauen der Bevölkerung untergraben und damit den Erfolg der gesamten Unternehmung gefährden. Es geht um nichts Geringeres als um die soziale Akzeptanz, die die Energiewende benötigt, um zu gelingen.

In diesem Sinne ist es unsere gemeinsame Verantwortung, eine Energiewende zu gestalten, die nicht nur technisch machbar und ökonomisch sinnvoll ist, sondern auch sozial verträglich und gesellschaftlich integrativ ist.